Paulus Terwitte

Ich bleib dann mal da

Paulus Terwitte

Ich bleib dann mal da

Warum das Katholische
in unserer Gesellschaft
nicht fehlen darf

Vier-Türme-Verlag

Bibliographische Information der Deutschen Nationalbibliothek

Die Deutsche Nationalbibliothek verzeichnet diese Publikation in der Deutschen Nationalbibliographie. Detaillierte bibliographische Daten sind im Internet über http://dnb.d-nb.de abrufbar.

1. Auflage 2011
© Vier-Türme GmbH, Verlag, Münsterschwarzach 2011
Alle Rechte vorbehalten

Lektorat: Judith Engst
Umschlag: Br. Paulus Terwitte fotografiert von A. Zierhut (© privat)
Druck und Bindung: Friedrich Pustet KG, Regensburg
ISBN 978-3-89680-496-9

www.vier-tuerme-verlag.de

Einleitung

Deutschland zerfällt. Nicht nur die deutsche Gesellschaft. Auch die katholische Kirche kämpft um ihre innere Einheit. In den Monaten der Offenbarung vertuschter Fälle von sexueller Gewalt durch Geistliche gegen Kinder und Jugendliche wandten ihr so viele Menschen wie nie den Rücken zu. Doch auch die evangelischen kirchlichen Gemeinschaften sowie Parteien und Gewerkschaften verlieren täglich Mitglieder. Zudem: Vom kleinsten Verein bis hin zu den großen Verbänden und Parteien findet man kaum Führungspersonal. Die Kirche scheint hier ein trauriger Vorreiter zu sein. Nur noch wenige junge Männer wollen Priester werden. Überhaupt: Die Menschen unserer Gesellschaft tun sich schwer, dauerhaft für eine Sache einzutreten: Sie beteiligen sich immer weniger an der politischen Willensbildung. Betrachtet man die stetig sinkende Wahlbeteiligung, ist der Souverän staatlicher Macht gefährlich schwach geworden. Er folgt damit der Tendenz des Kirchbesuchs der Gläubigen: Der sinkt kontinuierlich, mancherorts auf Promillewerte gemessen an der Anzahl der Gemeindemitglieder.

Ich möchte dieses Buch schreiben als Bürger dieses Staates, der sich um den inneren Zusammenhalt der Gesellschaft sorgt. Wir müssen es schaffen, unsere jungen Bürger und Bürgerinnen davon zu überzeugen, dass Einheit errungen werden muss durch persönlichen Einsatz. Wir müssen ihnen einen Zugang verschaffen zu den Werten, für die man gern verzichtet, etwas leistet und Unbequemlichkeit auf sich nimmt. Geld ist unsicher. Gesundheit brüchig. Liebe überfordert. Es kann etwas nicht stimmen in einer Gesellschaft, in der jedes vierte Kind ohne Elternteil aufwächst, jede dritte Ehe geschieden wird. Die Praxen der Kinder- und Jugendpsychotherapeuten sind zu voll, als dass man dies zum Normalfall erklären könnte. Wir tun uns keinen Gefallen, wenn wir jeden brandmarken, der die Ausnutzung von Sozialleistungen durch Dreistfaule geächtet sehen will. Wenn alles gleich gültig ist, steht am Ende die Gleichgültigkeit. Die Schweigespirale dreht sich unaufhaltsam. Eine Kultur des Wegschauens greift gefährlich um sich. Keiner weiß, an welches Tabu er bei wem rühren könnte. Darum rührt man sich immer weniger. Stillstand kommt in Mode. Wer sich einsetzt, erntet Spott.

Ich möchte nicht nur unserer Gesellschaft die Augen öffnen für die Wurzeln fröhlichen Engagements, mit dem Deutschland einst aufgebaut worden ist. Ich schreibe auch für die Katholiken, die nach den Quellen ihres Glaubens und Handelns suchen. Wenn man als Ordensmann und Priester gerade 50 geworden ist, fragt man sich, was vom Feuer des Anfangs geblieben ist. Mit diesem Buch geht es mir darum, von meinem Leben als Katholik zu sprechen. Ich möchte von der Kirchlichkeit reden. Sie ist mein Lebensgerüst. Das ist etwas komplett anderes als das, was sich so mancher Zeitgenosse unter Kirchlichkeit vorstellt. Ich verbinde damit keineswegs eine geschlossene Gesellschaft. Vorstellungen, »unter« einem Papst oder Bischof zu sein, sind mir fremd. Ein solches Denken ist mir fremd, weil alle Amtsträger mit den Christgläubigen im Dienst Jesu Christi stehen, der die Kirche um sich herumgruppiert hat. Nicht nur wie einen Mantel, sondern als sein eigener Leib. Im Innern der katholischen Kirche schlägt ein göttliches Herz. Sie hätte es sonst wohl nicht bis ins Heute geschafft. Machthungrige Kaiser und widerliche Knabenschänder, Inquisitionsverbrechen und Kreuzzüge gar mit Kindern konnten sie nicht zerstören. Im Herzen der Kirche lebt Jesus Christus. Mit Füßen getreten, durch Formeln entstellt, durch Reformationen zerstückelt und durch Besitzverhältnisse verstellt, feiert er täglich Auferstehung. Er ist das heilige Trotzdem Gottes, der allen zur Seite gestellt ist, die sich von den Verhältnissen nicht unterkriegen lassen wollen. Er verbindet mehr, als Steuerlisten oder Gemeindekarteien es vermögen. Er triumphiert über die negativen Gefühle, die nirgendwo ausbleiben, wo Menschen sich versammeln. Er – an all den Verben haben Sie es schon erkannt – lebt. Seine Passion ist Auferstehung. Er knüpft das katholische Netzwerk weltweiter Erlösung. Sie wird überall da sichtbar, wo Menschen seinem Ruf folgen. Steh auf! Bleib da!

Im Übrigen: Was im Folgenden zu sagen ist über die Organisation der Kirche und ihre Veränderungen, bezieht sein Wissen aus dem täglichen Leben als Katholik. Natürlich stehen die evangelischen kirchlichen Gemeinschaften vor ähnlichen Herausforderungen. Sie bleiben in diesem Buch unberücksichtigt, schlicht aus Unkenntnis. Wenn ich nicht über organisatorische Fragen schreibe, verstehe ich das Wort »katholisch« im Sinne des Glaubensbekenntnisses aller Christen als eine Aussage über Gott: Er ist der Dreifaltige, der über die Grenzen von Himmel und Erde hinweg eine allumfassende Gemeinschaft der Geschöpfe schafft. Doch dazu später mehr.

Unsere Gesellschaft atmet den Geist des Katholischen. Ich will mit meinem Buch zeigen, wie Deutschland von seinen katholischen Wurzeln profitiert. Deutschland gründet auf einer katholischen Identität, die unser Land über Jahrhunderte geprägt hat. Katholische Mönche haben einst die Klöster gebaut und dadurch eine breite Volksbildung ermöglicht. Es war ja nicht nur so, dass sie als Experten ausschließlich in ihren Klöstern blieben. Sondern um die Klöster herum bildeten sich Städte. Oft wird den Mönchen unterstellt, sie hätten die Leute nur in einem Abhängigkeitsverhältnis zum Kloster gehalten. Aber das stimmt nicht. Die Städte um die Klöster herum und Handelskultur, die sich dort etablierte, haben letztlich Bildung zur Bevölkerung gebracht.

Das Katholische in unserer Gesellschaft führt noch weiter. Was sich heute Globalisierung nennt, ist die Folge typisch katholischen Denkens und Handelns. Die Geschichte unserer Kirche ist geprägt von Menschen, die von außen zu uns kamen. Der große Wanderapostel Bonifatius, der aus England kam, hier durch unsere Lande zog und das Evangelium zu uns brachte, der irisch-schottische Missionsbischof Kilian, der um Würzburg herum wirkte und die Menschen zum Glauben bekehrte, das sind nur zwei Beispiele von vielen. Diese aus der Fremde kommenden Menschen haben den neuen Geist in unser Land gebracht. Deshalb haben wir heute, wie ich immer noch glaube, eine Aufgeschlossenheit gegenüber Fremden. Sie ist größer, als bestimmte rechtsgerichtete Gruppen und schwarze Kapitel in der deutschen Geschichte uns glauben machen wollen. Diese Bereitschaft zum Fremden, die Neugier auf das Fremde kommt aus dem katholischen Grundverständnis: Es gibt eine Zusammengehörigkeit der Menschen untereinander, in der auch der Fremde Platz haben kann.

Das, was man katholische Identität nennt, ist keine Kaninchenstallmentalität. »Wir kochen unser eigenes Süppchen. Hauptsache, bei uns ist es schön« – dieser Gedanke ist dem Katholischen fremd. Die katholische Identität ist auf Weitung angelegt. Das griechische Wort »katholon« heißt »weit, umfassend, allgemein«. Das Katholische ist Wagemut zur Öffnung, nicht ängstliche Enge. Wir wollen über den Tellerrand hinausschauen und nicht nur in unserer eigenen Suppe herumrühren. Damit verbunden ist die Lust auf Mission. Sicher gibt es da leidvolle Kapitel in der Geschichte. Aber das war vor mehr als einhundert Jahren. Wir haben viel falsch gemacht. Aber wir haben gelernt. Wir Deutschen schlagen uns ja auch mit unserer Geschichte herum: Dürfen wir uns trotz unserer düsteren Nazi-Geschichte überhaupt noch freuen am Leben? Natürlich dürfen wir. Jeder darf nach einer gewissen Zeit der Trauer, Besinnung und Umkehr wieder anfangen, sich am Leben zu freuen.

Das ist übrigens auch etwas Katholisches: neu anfangen zu dürfen und dem Alten nicht nachhängen zu müssen. Für mich ist es – und darum schreibe ich dieses Buch auch – eines der schwierigsten Vorurteile über die katholische Kirche: Dass sie angeblich für das Bewahren veralteter Riten und Überzeugungen und für das ewig Gestrige steht. Das ist aus meiner Überzeugung komplett falsch. Die katholische Kirche steht für Aufbruch. Mitbrüder von mir waren zu Beginn des vergangenen Jahrhunderts schon in China, als hier noch niemand ans Reich der Mitte gedacht hat. Oder: Radio Vatikan wurde 1931 gegründet und sendet mittlerweile in fast 50 Sprachen. Welches Land kümmert sich darum, sich in fast 50 Sprachen verständlich zu machen? Die Menschen, die hinter dem Eisernen Vorhang waren, oder die Menschen heute in Nordkorea oder China sind glücklich, über Radio Vatikan an den Ereignissen der Welt teilhaben zu dürfen.

Meine Kapuzinermitbrüder sind mit einer Vision, die sich aus dem Evangelium genährt hat, als Missionare nach China unterwegs gewesen und auch nach Peru, Mexiko, in den Kongo oder nach Indonesien gezogen. Sie haben das nicht getan, um sich die Leute dort zu unterwerfen. Wer den Missionaren das unterstellt, tut ihnen unrecht. Klar: Es wurde auch etwas falsch gemacht in dieser Hinsicht. Ich möchte heute das nicht hinter jedem Satz schreiben müssen. Aber sie waren von einem Befreiergeist beseelt. Sie wollten das Beste, und wenn wir sie kritisieren, so sollten wir daran denken, dass heute ebenfalls viele Menschen das Beste wollen und sich in 30 Jahren von der neuen Generation womöglich fürchterliche Vorwürfe werden anhören müssen.

Und damit sind wir schon beim katholischen Menschenbild angelangt und einem Punkt, der unbedingt dazu gehört: Einfach anzuerkennen, dass wir Menschen mehr Blinden als Sehenden gleichen. Das heißt, wir entscheiden immer vorläufig. Und trotzdem dürfen wir uns entscheiden. Wir müssen uns nicht untätig in unser Schneckenhaus verkriechen und sagen: »Wir wissen es ohnehin nicht genau. Bevor wir falsch entscheiden, machen wir lieber gar nichts.« Sondern das Katholische besteht für mich aus einem fröhlichen Zupacken, das sich auf die Gnade Gottes verlässt, der uns korrigieren hilft, wenn wir danebengelegen haben.

Unsere Gesellschaft atmet den Geist des Katholischen. Die jüngere deutsche Geschichte ist geprägt von Katholiken, die die katholische Soziallehre in unsere soziale Marktwirtschaft eingepflanzt haben.

Dass bei uns in Deutschland niemand auf der Straße liegen muss, dass keiner in Slums am Stadtrand dahinsiechen muss, dass jeder Obdachlose täglich Geld vom Sozialamt bekommt, das hat damit zu tun, dass es eine klare Aussage des Evangeliums gibt, die die Katholiken (und die Protestanten natürlich auch) aufrechterhalten: Alle gehören dazu, und niemand darf ausgeschlossen werden. Zwar kann ich hier das Subsidiaritätsprinzip (Verantwortlichkeit und Selbsthilfe der kleinsten gesellschaftlichen Einheiten, beginnend mit der Familie), das Solidaritätsprinzip (mitmenschlicher Zusammenhalt) und das Personalitätsprinzip (Wahrung der Menschenwürde) der katholischen Soziallehre nicht in aller Ausführlichkeit behandeln. Aber zumindest lässt sich feststellen: Unser soziales Denken – bis hin zur Bejahung gewerkschaftlichen Kämpfens um die Sache der Arbeitenden – geht davon aus, dass auch der Schwache einen Ort haben muss in unserer gesellschaftlichen Organisation. Und zwar einen Ort, wo er seine Würde bewahren kann.

Wir haben beschützte Werkstätten und sperren unsere Behinderten nicht in Heime ein. Das ist nicht selbstverständlich. Man muss nur nach Rumänien oder Russland schauen, auf die traurige Hinterlassenschaft kommunistischer Herrschaft. Waisenhäuser, das waren Abstellkammern, die rumänischen Straßenkinder müssen bis heute unter dieser geschichtlichen Bürde leiden.

Ich trete nicht an, um zu sagen, die katholische Kirche allein hat Deutschland geprägt. Darum geht es mir gar nicht. Es geht mir darum zu zeigen, dass es ein Grundwasser gibt in der Lehre der römisch-katholischen Kirche. Dieses Grundwasser ist ein Glaubensgrundwasser, kein Vereinsgrundwasser. Ich will nicht sagen, dass die römisch-katholische Kirche mit ihrer Verfasstheit mit Papst und Bischöfen die Gesellschaft gerettet hat oder sie retten könnte. Aber ich möchte sagen: Der Papst und die Bischöfe stehen für eine Geisteshaltung, die die deutsche Gesellschaft prägt. Sie stehen für bestimmte Prinzipien, ohne die unsere Gesellschaft ganz schön übel dastünde. Sie stehen für eine Ahnung, dass es hinter der politischen Wirklichkeit einen wirksamen Wertehorizont gibt, in biblischer Sprache: das himmlische Jerusalem. Das Katholische besteht aus dem Glauben, dass diese himmlische Stadt der Erde nicht fern ist. Sie hat Prinzipien der Gerechtigkeit, Liebe, Freiheit, an denen sich menschliche Gesellschaften messen müssen, und freilich auch die Kirche selbst.

Die katholische Kirche hat der Gesellschaft über die Jahrhunderte viel gegeben und gibt ihr noch heute viel. Dafür müssen die Katholiken ihren eigenen Glauben neu durchbuchstabieren. Es wird Zeit für ein fröhliches Bekenntnis, das Gott mehr zutraut als dem Bösen, das es in Kirche und Welt gibt. Der Grund katholischer Zuversicht hat Quellen, die nicht von dieser Welt sind. Sie sprudeln unentwegt.

1

Unterwegs sein

Pilgern – Pendeln, Reisen und Surfen: Entscheidend ist das Ziel

»Ich bleib dann mal da« – ich setze mich mit diesem Buch in einen krassen Gegensatz zu Hape Kerkelings Buchtitel »Ich bin dann mal weg«. Tatsache ist: Das Weggehen fällt viel zu leicht. Schwer ist das Bleiben. Unsere Gesellschaft ist doch nur noch unterwegs. Berufstätige pendeln ständig von einem Ort zum anderen. Sie führen Wochenendbeziehungen oder verbringen alltags locker ein bis zwei Stunden auf der Straße, um von ihrem schönen Häuschen im Grünen zu ihrem Arbeitsplatz zu kommen und zurück. Für Vertriebsmitarbeiter, Lastwagenfahrer und viele Angestellte kommen regelmäßige Dienstreisen dazu. Es ist normal, seine Zeit im Auto, Lastwagen, Flugzeug oder Taxi zu verbringen. Das mag eine Notwendigkeit sein. Doch dabei bleibt es oft nicht. Selbst wenn der Beruf sie nicht dazu zwingt, sind viele Menschen unterwegs. Mal für ein Wochenende aus Sylt, mal für ein paar Tage Skifahren in Österreich, mal für zwei Wochen nach Mallorca. Hauptsache weg! Dieses Phänomen des ständigen Unterwegsseins lässt sich genau betrachtet in zwei Kategorien einteilen: Es gibt ein unheilvolles Unterwegssein, das einem Leben auf der Flucht gleicht. Das katholische Unterwegssein ist jedoch von einem Ziel bestimmt: Es leuchtet ein Stern am Horizont. Aus dem Glauben an eine bessere Welt wagen wir uns einen Schritt heraus aus dem Vorhandenen.

Werfen wir zuerst einmal einen Blick auf das unheilvolle Unterwegssein. Es wird bestimmt von dem Drang, vor den bestehenden Verhältnissen einfach wegzulaufen, ganz nach dem Motto: Woanders ist es immer schöner. Mich erinnert das an den Lügenbaron Münchhausen, der sich selbst am eigenen Zopf aus dem Sumpf ziehen wollte. Die Rast- und Ruhelosigkeit vieler Menschen in unserer Gesellschaft ist ein äußeres Zeichen dafür, dass sie es nicht mehr aushalten mit dem, was ihnen gegeben ist.

Ich habe gerade wieder von einem Mann gehört, der sich ein Ferienhaus in den USA gekauft hat. Er fährt mit seiner Familie dorthin und nimmt dafür eine ganze Reihe von Unannehmlichkeiten auf sich: Er muss sich dort mit einem Hausmeister herumschlagen und ständig neue Mieter für das Ferienhaus finden, wenn er nicht da ist. Und auch mit diesen Mietern muss er sich womöglich auseinandersetzen. Und Reparaturen, Instandsetzungen, Baumaßnahmen veranlassen. Das alles nimmt er in Kauf, nur um sich ab und zu mal ein paar Tage oder Wochen aus dem Alltag in Deutschland verabschieden und in die USA reisen zu können. In diesem extremen Beispiel finde ich das weitverbreitete Denken wieder: Je weiter weg, desto besser.

Ich will das Reisen nicht miesmachen. Reisen bildet, das ist durchaus richtig. Aber wenn ich verreise mit einem unerlösten Herzen, stimmt diese häufig zitierte Weisheit plötzlich nicht mehr. Zu oft verreisen Menschen mit blinden Augen. Sie können schon hierzulande, in ihrem Alltag, in ihrer Umgebung, in ihrem Leben nicht die Schönheit erkennen, die sich ihnen erschließen würde, wenn sie nur empfänglich dafür wären. Stattdessen sehen sie hier nur den Dreck, nur das, was schlecht ist. Wie soll man sich da öffnen für die Schönheit des neuen Aufenthaltsortes? Mit einer solchen Einstellung kann man nicht heilvoll unterwegs sein. Unheilvoll unterwegs zu sein ist aber eine Lieblosigkeit gegenüber denen, die einem anvertraut und gegeben sind. Die Menschen aus dem eigenen Umfeld werden dadurch entwertet. Sie fühlen sich verlassen, zurückgelassen, enttäuscht. Denn die ständige Reiserei vermittelt ihnen: »Ihr bringt's nicht. Ihr macht's nicht. Ihr gebt mir nicht, was ich brauche.«

Ein bisschen erinnert ein solches Reisen an ein trotziges Kind, das um das Haus herumradelt, weil es sich mit Mama gestritten hat, und umso heftiger radelt, je weniger es weiß, was es tun soll. Der amerikanische Schriftsteller Mark Twain hat das einmal ebenso witzig wie treffend formuliert: »Nachdem wir das Ziel endgültig aus den Augen verloren hatten, verdoppelten wir unsere Anstrengungen.« Dieses angestrengte Herumreisen erscheint wie ein Fluchtverhalten, genährt von der Weigerung, erwachsen zu werden. Wie ein Kind: Hauptsache weg von Mama! Hauptsache weg von dem, was ist! Dabei will ich gar nicht leugnen, dass dies in einer bestimmten Entwicklungsphase eines Menschen auch mal sein muss. Ein Jugendlicher muss mal die Tür zugeknallt haben und nachts ziellos durch die Straßen gegeistert sein, bevor er dann um zwölf Uhr nachts wieder reumütig bei den Eltern klingelt. Das sind normale Entwicklungsphasen. Aber ich habe manchmal den Eindruck, dass dieses Wegspringen sich in unserer heutigen Gesellschaft zu einer Art Lebensprinzip erhoben hat.

Übrigens beschränkt sich dieses Fluchtverhalten nicht nur auf echte Reisen. Man kann auch virtuell auf die Reise gehen. Facebook, Twitter und das Versenden von SMS sind vielen Menschen ungeheuer wichtig geworden. Dort lässt sich noch leichter wegspringen aus den Ansprüchen des Alltags. In der virtuellen Welt ist die Einflüsterung der Schlange, »Du wirst sein wie Gott!«, besonders wirksam. Sich in Internetforen zu tummeln, zu chatten, zu bloggen und zu twittern, wann und wo und mit wem man will: Das nährt primitive Allmachtsgefühle. Man kann nun weglaufen zu Zeiten und an Orten, wo es nie zuvor möglich war, und meint, die Eigenschaft des lieben Gottes zu haben, überall sein zu können. Das internetfähige Handy ist die Krönung der Möglichkeiten, überall sein zu können, nur nicht da, wo man gerade ist.

Sicher hat die virtuelle Welt ihre guten Möglichkeiten. Ich tummle mich selbst in Facebook, und ich sende auch die eine oder andere Nachricht über Twitter. Aber ich tue dies absichtsvoll und mit einem klaren Ziel: Ich stelle mich damit auf einen Marktplatz, und das klar erkennbar und mit einer Botschaft. Erstaunlich ist für mich, wie wenig in der virtuellen Welt von der realen Welt der Einzelnen zu sehen ist.

Mein bestes Beispiel dazu: Ich selbst habe am Sterbebett meiner Mutter gesessen. Als sie dann gestorben war, dachte ich: Soll ich jetzt twittern, wo ich sitze? Sofort war mir klar: Diese persönliche Erfahrung kann ich nicht hinausposaunen. Denn erstens gehört der Tod meiner Mutter, und den darf ich nicht instrumentalisieren und zu einem Tweet machen. Und würde ich es tun, würde ich mir dabei selbst schaden, da ich diesen kostbaren Moment mit mir meistens unbekannten Menschen geteilt hätte, die nicht adäquat antworten könnten auf eine solche Mitteilung. Als ich die Todesanzeige meiner Mama auf Facebook gestellt habe, bekam ich entrüstete Kommentare: Wie geschmacklos! Das kann man doch nicht machen! Ich nehme mit Interesse wahr, wie viele Lebenswirklichkeiten ausgesperrt werden aus diesen virtuellen Welten. Es regt sich keiner darüber auf, dass Todesanzeigen in einer Zeitung veröffentlicht werden. Auf Facebook dagegen schon. Eigenartig, nicht wahr?

Ein Chat auf Facebook ist wie ein Plausch auf dem Marktplatz oder ein Gespräch in der U-Bahn. Oder wie das abendliche Zusammensitzen mit Freunden oder Kollegen, und man redet über dies und das. Dafür sind diese sozialen Netzwerke sicher geeignet. Aber das Herz berühren sie nur sehr, sehr selten. Als Leserin oder Leser dieses Buches werden Sie sich jetzt vermutlich fragen, warum ich als Kapuzinermönch da überhaupt aktiv bin. Ich bin da unterwegs, weil ich es mit der Apostelgeschichte 17,22 halte: »Paulus stand auf dem Marktplatz und sprach täglich mit denen, die da waren.« Ich fahre aus dem Hafen der Beheimatung in diese virtuellen Welt hinaus und bin einfach da. Und wenn Gott mir den einen oder anderen Menschen in die Gesprächslinie zieht, dann kann es sein, dass sich daraus ein vertiefter Kontakt weiterentwickelt. Ich werfe das Netz aus. Genauso wie Jesus es einst gemacht hat und heute noch tut. Er lädt die Jünger ein, sich zu sammeln in das neue Gottesreich. Er bietet eine Gemeinschaft an, die nicht irdisch ist und nicht auf Heirat oder Blutsverwandtschaft gründet. Sondern es ist eine geistliche Gemeinschaft, die aber nach Jesu Worten eine ebensolche Bindekraft haben soll.

Die Leute, die ich in virtuellen Netzwerken antreffe, sind oft Menschen, die in ihren verwandtschaftlichen Beziehungen sehr gekränkt sind. Menschen, die in ihrer Familie kein Zuhause haben. Menschen, die sich hinter ihrer virtuellen Identität verstecken. Genau solche Menschen suche ich in Facebook, speziell diejenigen, für die Facebook eigentlich gar nicht lustig ist. Die sich dort zwar tummeln, aber eigentlich umherirren und keine Beheimatung haben. Natürlich sind nicht alle Facebook-Nutzer so. Es sind ja auch nicht alle Leute, die in der Großstadt leben, Konsumisten. Soziale Netzwerke sind eine Art virtuelle Stadt, in der es aber entsprechende Stadtbewohner gibt. Diese zeigen zwar ihr Gesicht in diesem Gesichterbuch – es ist ja auch interessant, was Facebook heißt: Gesicht(er)buch. Sie sind aber froh, dass man ihnen nicht hinter die Stirn gucken kann. Als Facebook-Teilnehmer kann ich nicht hinter die Pinnwandeinträge gucken. Ich sehe nicht, was wirklich dahinter steht.

Ich gestehe aber gerne ein: Ein typischer Facebook-Nutzer bin ich wohl nicht. Auf Facebook poste ich Ereignisse, neue Bücher, Erfahrungen. Vielleicht auch mal eine Predigt. Ich gehe da hin und wieder rein und schaue, was sich tut. Aber ich betreue eher die sogenannte Fan-Seite als meine Freunde-Seite. Die Fan-Seite, das heißt, die Seite, auf der man von sich erzählt. Darin kann man eher auf die Menschen zugehen. Die Freunde-Seite dagegen ist die Seite, auf der man sieht, was alle sogenannten Freunde gerade tun. Da bin ich viel seltener unterwegs.

Dass mich Facebook, Twitter & Co. reizen, räumt auch mit dem Vorurteil auf, mit dem wir Mönche ständig konfrontiert sind: Dass wir hoffnungslos rückständig wären. Viele Menschen glauben, das Mönchtum sei mittelalterlich. Sie nehmen die Zustände in Umberto Ecos Kriminalroman »Der Name der Rose« wahr und glauben, die Mönche würden auch heute so leben. Wobei auch das Kloster aus diesem Buch zu seiner Zeit eine sehr moderne Institution war. Aber heute denken die Menschen, Mönche würden so leben wie damals im Mittelalter. Deshalb ist ein Mönch durchaus spannend, der twittert und sich in Facebook tummelt.

Mein Pilgersein im Netz, mit festem Absender unterwegs und einem Himmelsziel im Auge, lässt mich auch Chancen im Virtuellen erkennen: Es gibt Situationen, in denen sich die Seele eines Menschen hier und jetzt Luft machen will. Doch was tun, wenn keiner da ist, der sich Zeit nimmt? Einen Brief schreiben? Die Antwort darauf wird spät kommen. Telefonieren? Mit wem? Und bin ich sicher, dass der andere mich ausreden lässt? Aus Hunderten von E-Mails weiß ich: Virtuelle Kommunikation ergänzt die traditionellen Medien. Der Schreiber kann anonym bleiben, seine Gedanken ausformulieren und sie dann mit der elektronischen Post absenden. Sie kommt sofort beim anderen an – zum Beispiel bei mir als Mönch und Seelsorger. Ich reagiere zeitnah. Ein Dialog beginnt. Oft nur zwei, drei gegenseitige Mitteilungen. Und der, mit dem ich sie ausgetauscht habe, ist zufriedener. Er weiß sich mit seinem Problem verstanden. Und durch den Kontakt mit mir als Ordensmann und Priester weiß er sich bei Gott gut aufgehoben.

Die virtuelle Welt hat sich inzwischen auch im religiösen Bereich etabliert. Zu Recht. Wird sie von echten Anliegen realer Menschen gefüllt, kann sie Balsam für die Seele sein. Gefüllt mit falschen Träumen und Konsumanreizen zerrt sie an der Seele. Desorientiert gerät sie in den Strudel ihrer dunklen Kräfte. Allein vor dem Bildschirm zu Hause, bar jeder Kontrolle, ist ihre ganze Kraft gefordert. Wohin surfe ich, was lasse ich bleiben? Surfen erschöpft den Menschen bis auf den Grund – siehe oben. Wohl aber dem, der einen Ansprechpartner in seiner Internet-Einsamkeit gefunden hat. Als ich vor einem Jahr aufrief zum Internet-Fasten, 40 Tage surfen ohne Sex, meldeten sich über 200 Personen, die mir ihr Suchtverhalten beichteten. Mit vielen entwickelte sich ein eindruckvoller, kurzer Kontakt. Am Ende stand oft: Danke, dass Sie das Thema aufgegriffen haben! Danke für die Möglichkeit, Ihnen schreiben zu können.

Der junge Mann, der nachts aus Amerika schreibt: Ich habe gerade gehört, mein Großvater stirbt. Die Frau, deren Mann ihr gerade eröffnete, dass er eine andere hat. Sie und andere nutzen das Internet, um gleich ihre Gefühle schreibend zu ordnen, sie mir spontan anzuvertrauen. Und sie erhalten in ihr Dunkel ein virtuelles Licht. Fazit: Die virtuellen Wege so mancher, die verwirrt umhersurfen, können sich kreuzen mit einem Pilger Gottes, mit dem er einen Moment Rast macht und sich von ihm einen winzigen Spalt zum Himmel eröffnen lässt.

Jetzt haben Sie schon eine Ahnung davon, was das katholische Unterwegssein von diesem unheilvollen, rast- und ruhelosen Unterwegssein unterscheidet. Es ist fest in Gottes Verheißung verankert und mit der Erde verbunden. Es schöpft aus dem jüdischen Erbe: Alle Völker werden unterwegs sein und zum Tempelberg in Jerusalem pilgern. Gott wird dort niederkommen, und alle werden in Gott vereint sein.

Christen sagen: Jesus hat den Tempelberg sozusagen in sein Herz verlegt. Wenn sich zwei oder drei in seinem Namen versammeln, beginnt dieses Herz gewissermaßen zu schlagen. Wenn schon unterwegs, dann immer, um zum Mitmenschen zu kommen.

Unterwegssein, wie es die katholische Kirche versteht, hat nicht in erster Linie eine geografische Bedeutung. Damit ist dem Katholischen auch jede Vorstellung von Landnahme fremd. Wir müssen nirgendwo hin, um ein Land zu besetzen und die Bevölkerung zu unterwerfen. Sicher, die Vorstellung von »God's own country« hat die amerikanischen Siedler bewegt. Auch Eroberungszüge gab es. Doch heute sind wir von dieser Vorstellung frei. Wir erkennen wieder neu: Überall ist Gottes Land. In der Diskussion mit dem Islam wird das besonders deutlich. Dort sind solche Eroberungsvorstellungen noch stark vertreten, nach dem Motto »Alle Länder dieser Erde müssen von Menschen bevölkert werden, die sagen: Gott ist groß. Und Mohamed ist sein Prophet.« Wenn bestimmte muslimische Kreise solche Vorstellungen von Landnahme und Besitzergreifung äußern, müssen wir christlich dagegenhalten: Die ganze Erde ist schon Gottes Land! Das gilt, seitdem Gottes Sohn für diese Welt gestorben und für die Jünger Jesu und für alle Menschen sein Blut vergossen hat. Seitdem gibt es für uns Menschen kein Recht mehr, Menschen in irgendeine Art von Bekenntnis hineinzuzwingen. Sondern wir können ihnen eine Einladung aussprechen. Und wenn sie dieser Einladung folgen, ist das in Ordnung. Wenn nicht, lassen wir sie ihren Suchweg weitergehen.

Das Unterwegssein ist für uns Katholiken vor allen Dingen ein geistlicher Prozess. Wir erkennen, auch die Pilgerreisen, die wir machen, sind nur sinnvoll, wenn am Anfang das Bekenntnis steht: Gott, du hast dich schon immer auf den Weg zu mir gemacht. Darum mache ich mich jetzt auf die innere Reise zu dir. Wenn ich sage: Ich wallfahre nach Santiago de Compostela, dann gestehe ich mir ein: Ich möchte diesen Weg gehen als äußeres Zeichen dafür, dass ich meiner Hoffnung folgen will, dass Gott mein Ziel ist. Weil er es ist, gehe ich diesem Glauben buchstäblich nach. So wird Pilgern zu einem inneren Weg. Ich möchte am Ziel jemanden treffen, eine Figur, einen Apostel, Maria, einen Heiligen. Ich möchte an eine Stätte gehen, wo ich es mir neu erlauben kann, meinem Glauben an Gottes Nähe zu trauen. Ich kann mich im Glauben wieder neu aufrichten lassen. Mit dem Wallfahren symbolisiert man geografisch, was man innerlich vollzieht. An Wallfahrtsorten wird rituell nachempfunden, was für einen Katholiken in dieser Welt, in seiner Welt immer neu passiert: »Da werde ich geheilt«, »Da ist Gott präsent.«

Wir brauchen in Deutschland diese Zuversicht: Es ist gut, dass wir hier sind. Unser Unterwegssein darf nicht ein Haschen nach Besserem sein, sondern muss verankert sein in dem Ziel, eine soziale Gesellschaft zu sein, in der keiner Angst haben muss herauszufallen. Wir brauchen einen neuen Blick dafür, was in unserer Heimat, in unserer Gesellschaft, in unserem Land bereits gut ist. Dann ist man auch offen dafür, was sich womöglich verbessern ließe. Das Weggehen würde einen Sinn bekommen. Man nähme viele Anregungen von den eigenen Reisen mit nach Hause. Das Weggehen würde zum Dienst nicht nur für das eigene Ich, sondern für alle.

Aufbruch aus der Heimeligkeit – Dableiben ist kein Selbstzweck

Das Leben in einem Orden wurde über Jahrhunderte als Selbstzweck betrachtet: Da möchte jemand sich selbst heiligen, vollkommener leben, eine Stufe höher in den Himmel steigen. Und seit der Himmel den Zeitgenossen weiter weggerückt ist, wird von Selbstverwirklichung gesprochen, die derjenige sucht, der ins Kloster geht. Auch zeitlich begrenzte Aufenthalte im Kloster riechen danach: Ich will zu mir kommen. Ich muss mich mal um mich kümmern. Und all das in der vermeintlichen Heimeligkeit der klösterlichen Klausur.

Selbst Ordensleute in Fernsehserien und Kinofilmen sind von diesem Klischee umwoben, die Medien leben geradezu davon, dann jene zu zeigen, die die fantasierte heile Welt durchbrechen. Auch meine Auftritte im Fernsehen leben davon. Ein Kapuziner bei Maybrit Illner, Tietjen und Hirschhausen, in der Harald-Schmidt-Show – das erstaunt, das macht neugierig. Für viele ist das aber nicht mehr als ein Event unter anderen. Es ist schwer, in den Medien über das Klischee hinauszuwachsen. Seitdem ich die Talk-Serie »N24 Ethik – Um Gottes Willen« mache, die jetzt auf Sat.1 weiterläuft unter dem Titel

»So gesehen – Talk am Sonntag«, seitdem ich im Hessischen Rundfunk im »Radioladen« und einmal im Monat auch in der Radiosendung »Bruder Paulus – Komplet und Gespräch« montags im Domradio Köln länger reden kann, erleben mich die Leute direkter. Sie merken plötzlich, dass da einer ist, der die Sprache von heute spricht. Der doch tatsächlich glaubt, dass es Gott gibt und sogar diesen Jesus und dann auch noch den Heiligen Geist. Der nicht wegläuft, sondern dableibt. Und zwar nicht im Kloster. Sondern mit dem Kloster mitten in dieser Welt. Dies ist für mich dann immer das beste Erlebnis: Wenn Menschen mir signalisieren, dass sie nicht anders können, als mir das abzunehmen, was ich verkörpere.

Jeden Tag erhalte ich etwa fünf bis zehn E-Mails von Zuschauern und Zuhörern, dazu noch Briefe oder Anrufe. Darin steht genau das, was ich mit Menschen bespreche, die zu uns ins Sprechzimmer kommen oder die das Beichtangebot in der Innenstadt von Frankfurt nutzen: Manche drücken ihr Erstaunen aus, dass die Kirche doch nicht so verstaubt ist, wie sie dachten. Andere schildern mir sehr persönlich ein Lebensproblem. Es gibt auch welche, die direkt wissen wollen, wie man an Gott glauben kann oder wie sie beten können. Manche teilen mit mir ihre Gotteserfahrung. Allen gleich: Sie wagen den Schritt aus dem Ich hin zum Du.

Als Ordensmann im Internet erstaunt mich, wie persönlich die Menschen sind, obwohl sie mich doch sonst gar nicht kennen. Meine beiden ersten Bücher verdanke ich dem Medium Internet. In meinen beiden E-Mail-Seelsorge-Büchern kann man zwei längere Seelsorgebegleitungen nachvollziehen, die online liefen, veröffentlicht selbstverständlich mit Zustimmung der beiden Schreiberinnen.

Für mich bedeutet Ordensleben alles andere als Heimeligkeit. Wir sind von Gott in die Lebensform Jesu gerufen. Wir wollen mit Gottes Hilfe wie Jesus ohne Eigentum, in keuscher Ehelosigkeit und in Gehorsam leben. In dieser Lebensform sind wir eine Gruppe, die katholisch leben will: bei Gott sein und bei den Menschen. Ordensleben ist eine spannende Sache. Ich bin gespannt auf das, was Gott einst am Ende der Welt als Erfüllung schenken wird. Und ich bin gespannt, wohin er mich führt. Der Gehorsam hat zumindest mich noch nie gequält. Sicher, es ist nicht leicht, Abschied zu nehmen bei einer Versetzung oder eine Lieblingsidee womöglich nicht gleich umsetzen zu können, weil das gemeinschaftliche Leben auch seine Rücksichten kennt. Aber ich frage mich oft, ob ich als Single oder Ehemann so reiche Erfahrungen hätte sammeln können. Die Berufung zum Ordensleben schenkt Gott, weil er Menschen will, die ein Leben lang nach ihm schmachten wollen. Das hört sich vielleicht ein bisschen selbstquälerisch an. Zuweilen ist es auch schwer, auf Erotik, Eigenkapital und Eigenwilligkeiten zu verzichten. Im großen Ganzen ist es für mich jedoch eine abenteuerliche Herausforderung an meine gesamte Existenz.

Hier liegt auch der Grund, warum es heute einer schwer hat, dieser Berufung zu folgen. Die Menschen in seiner unmittelbaren Umgebung sehen Gott als Konkurrenten der Freiheit. In der alten Sprache würde man sagen: Der Teufel hat es geschafft, dem lieben Gott Hörner aufzusetzen. Was eigentlich des Teufels ist – Kurzsichtigkeit, Egozentrismus, Ausbeutung des Körpers, Hoffnungslosigkeit bis hin zur Kinderlosigkeit –, wird vergötzt. Gott jedoch erscheint als Feind all dieser scheinbar wunderbaren Dinge. Wenn die Leute begreifen würden, dass ihr Schöpfer keine Lust hat, sie zu verkleinern, sondern er alles dransetzt, sie wirklich frei werden zu lassen, dann wären wir einen großen Schritt weiter. Was sich Freiheit nennt, ist Kleinkariertheit. Die laxe Moral erscheint als rigider Zwang, immer dem folgen zu müssen, wonach einem gerade ist. Wir amüsieren uns zu Tode, hieß ein populärer Buchtitel in den achtziger Jahren. Er ist immer noch aktuell. Ich ergänze noch: Wir amüsieren uns nicht nur zu Tode, wir glauben auch noch, das sei Leben.

Es fehlt mit anderen Worten eine Aufklärung über die Aufklärung mit ihren wahnsinnigen Vorstellungen, dass menschlich sei, was der Mensch will. Wir sehen: Das Wollen des Menschen ist ohne den Maßstab, der außerhalb seiner selbst liegt, auch nicht gerade sehr förderlich für eine gute Entwicklung der Welt. Erst wenn wir ausbrechen aus dem engen Gehäuse von Berechnung, Lust und Angst um die eigene Person mit dem Ziel, den einen Schöpfer anzuerkennen, kommt Freude auf. Auch die Freude an der Pflicht zu einem brüderlichen Umgang mit allen Menschen und der Schöpfung.

Hier liegt genau der Sinn des Ordenslebens. Katholisch wäre so zu definieren. Die Kirche schöpft daraus ihre Kraft. Nämlich: Schwestern und Brüder sind wir, weil wir es von Gott aus so sind. Wir erkennen in konkreten Bindungen an, dass wir Menschen voneinander abhängig sind. Die Bindung an den Ordensoberen, aber auch die Bindung als Katholik an einen Bischof. Die Charismen jedes Einzelnen zu respektieren und gemeinsame Ziele zu verfolgen machen Ordensgemeinschaften bis heute attraktiv. Die katholischen Gemeinden könnten Orte sein, in der der Einzelne heranreift zu einer einmaligen Person, die in aller Freiheit ihre Einbindung in eine gottgewollte Gemeinschaft bejaht. Die Pfarrer und Bischöfe in der katholischen Kirche wechseln in den Gemeinden und Bistümern immer wieder, damit keine falsche Heimeligkeit entsteht: Reifen kann letztlich nur jener, der allein Jesus im Herzen trägt und aus ihm heraus Schwestern und Brüder erkennt, mit denen er sichtbar verbunden sein will.

Der Habit, den ich oft trage, ist dafür ein markanter Hinweis, ein Markenzeichen. Auch dass ich durch die Gelübde der Armut, der Ehelosigkeit und des Gehorsams dazu stehe, dass wirklich Gott es ist, der mir Reichtum, Liebe und Verwirklichung meiner Existenz schenkt, ist ein solches Zeichen. Katholiken tragen einen kleinen Kruzifixus – dazu später mehr – als Schmuck und als Bekenntnis um den Hals. Andere nehmen als Abzeichen ein kleines Marienmedaillon oder einen Rosenkranzring, alles Zeichen, die besagen: Gott hat mich durch Jesus geprägt. Darum bin ich offen. Katholisch. Und eingebunden: In die Kirche.

Als Ordensmann sehe ich das Kloster als Urtyp katholischen Glaubens und Denkens: Da gehört man hin. Und daraus kann man wirken. Das Ordensleben erhält wie eh und je seine Kraft aus dem Kreuz. Daran haben Menschen den hingehängt, nach dessen Bild sie geschaffen wurden, den Prototypen, nach dem die Schöpfung gebaut ist. Der Vater im Himmel wollte, dass dieser als Mensch existiert, damit er Wiederliebe erfahren kann im Himmel von außerhalb seiner selbst, von der Welt aus. (Weihnachten ist der Ausbruch Gottes aus der Heimeligkeit des Himmels, das erste Missionsereignis schlechthin. Es ist schon paradox, dass wir daraus ein Heimeligkeits-Fest machen.) Und genau dieses Zurücklieben hat Jesus in einer klaren Weise getan: Er hat nicht für sich gelebt. Selbst im Sterben hat er noch für die anderen gebetet. Und seine Auferstehung ist nicht nur was Tolles für ihn, sondern soll alle berühren. In der Frömmigkeit suchen Ordenschristen wie alle andere Christen nicht Stärke und Erleuchtung und Heil für sich: Nein, wie Jesus stärkt christliche Spiritualität die Bereitschaft, für andere Opfer zu bringen. Der wirkliche Christ sucht nicht sich, er sucht den Mitmenschen und darin und mit ihm Gott. Für Ordenschristen gilt dies auch, aber mit dem Schwerpunkt, dies aus einer konkreten gottgesammelten Gemeinschaft heraus zu tun.

Mir ist dieser Gedanke zentral seit meiner Teenagerzeit – ich werde darauf später zurückkommen –, als mir der Sinn der Taufe aufging: Ein Emanzipationssakrament. Weg von der Biologie und Biografie hin zu *dem* echten Menschen schlechthin: Jesus. Ich wurde in Jesus eingetaucht und bin mit ihm auferstanden: Was für ein Gedanke – ein Auferstehungsmensch zu sein, den nichts mehr umhauen kann. Mit neunzehn lernte ich die Kapuziner kennen und fand: Da kann ich das am klarsten leben. Wir Kapuziner sind ein volksnaher Orden, der von Brüdern gebildet wird, die alle Charakterköpfe sind. Das Evangelium verpasst uns nicht einen Bürstenhaarschnitt, sondern bei uns wachsen wir recht unterschiedlich. Ich wäre nicht der

Bruder Paulus, der ich bin, wäre da nicht meine Gemeinschaft, zu der ich stehe und die zu mir steht, weil sie in ihrer Mitte den auferstandenen Jesus weiß, der sie täglich neu formt. Solche Formung geschieht in einer Lebensordnung, die mich öfter am Tag zum gemeinschaftlichen Gebet ruft. Das Diktat des Terminkalenders, der von anderen gefüllt wird, Fernsehen oder Event-Stress: Die Menschen lassen sich viel zu viel an der Nase herumführen. Wer zum Ordensleben berufen wird, will dagegen aufstehen. Ordensleute stehen auch sonntags früh auf – nicht weil sie müssen, sondern weil sie wollen: Wir wollen mit anderen aufgeweckten Katholiken den schönen freien Tag am Anfang der Woche, am ersten Tag der Woche, nicht verpassen. Und uns von Jesus neu zu seiner Gemeinschaft aufbauen lassen.

Diese Ordnung schenkt Heimat. Aber nicht Heimeligkeit. Sie ruft einen immer wieder vor das Kreuz. Die äußere Lebensordnung dient der inneren. Das Ordensleben ist heute mehr denn je darauf angewiesen, dass die einzelnen Berufenen sich nicht von den vielfachen Versuchungen der äußeren Welt wegbringen lassen von ihrem Lebensprojekt, in dem sie ihre persönliche Frömmigkeit pflegen. Im Mittelpunkt mancher Orden steht etwa das Herzensgebet: Jesus, erbarme dich meiner! Und natürlich der Blick auf das Kreuz, von dem aus wir die Sendung empfangen, uns den Armen und Benachteiligten der Gesellschaft zuzuwenden. Und selbstverständlich die Verwurzelung im Evangelium: Als Männer und Frauen der Frohen Botschaft haben wir unser Ohr nahe am einfachen Volk und möchten in Wort und Tat Jesus ins Heute übersetzen. Die Gemeinschaft, die Jesus selbst sich schafft, indem er jeden Einzelnen zu uns ruft, ist der Ort, an dem wir das praktisch einüben, wovon wir reden; das brüderliche Leben macht von selbst demütig, denn man stößt immer wieder an Grenzen der Liebe zum Nächsten – und auch zu Gott. Katholische Gemeinden müssen sich kritisch fragen, ob sie eher zu geschlossenen Systemen neigen oder sich gleich den Klöstern eine Offenheit für die Neuen bewahrt haben.

Ordensleute sind vielleicht deshalb besonders den einfachen Leuten sympathisch: Man wird im brüderlichen Miteinander sehr verständnisvoll für alle, die mit dem Glauben und der christlichen Lebenspraxis ihre Schwierigkeiten haben. Aus der praktischen Glaubens- und Lebenserfahrung in Gebet und Leben erwächst dann eine bodenständige Verkündigung, die auch das praktische Zupacken nicht scheut.

Die katholische Lebensart, um Heimat zu wissen und sie als Aufgabe und Sendestation zu begreifen, spiegelt sich im Exportweltmeister Deutschland wider. »Made in Germany« findet sich in nahezu allen Ländern der Welt. Damit verbunden wird die Vorstellung von Qualität und Verantwortung, wie man sie hierzulande erwartet, wenn man auf Produkte schreibt: »Im Kloster gefertigt«. Solcher Stolz auf das Eigene hat nichts mit Deutschtümelei gemein, jener dümmlichen Rede von Heimat, die vor allem eines macht: sich völlig unkatholisch zu verschließen. Nicht von ungefähr sind solche unseligen Umtriebe dort zu finden, wo das Katholische seit Jahrhundert erfolgreich ausgetrieben wurde aus Landstrichen unserer Nation. Unsere Gesellschaft braucht das Katholische, Weltumfassende, Offene des Evangeliums auch deshalb, damit menschenverachtende Ideologien nicht von Heimat sprechen und die Vertreibung ganzer Personengruppen meinen. Damit sie nicht von Leben sprechen und den Tod von Schutzbedürftigen, etwa Behinderten und ungeborenen Kindern, meinen. Damit sie nicht von Freiheit faseln und nur noch mehr die allgemeine Gleichgültigkeit meinen. Heimat, Leben und Freiheit sind kein Selbstzweck, sondern Werte, die auf Gott, die Schöpfung, jedweden Nächsten und eine gesittete Selbstentfaltung verpflichten.

2

Das katholische Bild von Gott und den Menschen

Das katholische Menschenbild: Ein auf Gemeinschaft angelegtes Wesen

»Es ist nicht gut, dass der Mensch allein bleibt. Ich will ihm eine Hilfe machen, die ihm entspricht.« So steht es im Schöpfungsbericht der Bibel (Genesis 2,18). Das offenbart schon viel über den Menschen. Er ist nicht fürs Alleinsein gemacht, sondern für die Gemeinschaft. Übrigens sind das Aussagen, die von den Erkenntnissen der modernen Hirnforschung bestätigt werden: Wird ein Mensch isoliert und von den anderen in der Gemeinschaft ignoriert, tut ihm das buchstäblich weh. Aktiv ist dann in seinem Gehirn das Schmerzzentrum, also das Hirnareal, das auch körperlichen Schmerz so schmerzhaft macht. Das alles zeigt: Der Mensch ist sich selbst nicht genug. Er sucht eine Entsprechung, eine Antwort, ein Gegenüber, ein Du. Das heißt nicht, dass Zeiten des Alleinseins nicht auch sinnvoll wären – dazu später mehr. Aber zunächst einmal lässt sich feststellen: Es ist die Gemeinschaft, in der der Mensch lebt und für die der Mensch geschaffen ist. Das muss nicht allein die Gemeinschaft unter Menschen sein. Mindestens genauso wichtig ist die Gemeinschaft mit Gott, die Beziehung zu Gott. Und übrigens: Das Gemeinschaftliche steckt auch in Gott selbst. Das christliche, das katholische Bekenntnis sagt: Gott ist der Dreifaltige, der Vater und der Sohn und der Heilige Geist.

Dass Gott den Menschen in Gemeinschaft geschaffen hat, haben die Kirchenväter von Anfang an als die Gründung der Kirche gesehen. Sie sprachen von einer »Ecclesia ab Abel«, von der »Kirche seit Abel«. Im Paradies sei Gottes Plan, dass die Menschheit eins sein soll, bei Adam und Eva verwirklicht gewesen. Und seit der Vertreibung aus dem Paradies sei Unruhe unter den Menschen gewesen. Wer den reinen Kontakt mit Gott suchte, sei Opfer von missgünstigen Mitmenschen geworden. Die Kirchenväter sehen in Abel ein Vorausbild für Jesus und sprechen daher von der »Kirche seit Abel«.

Der Mensch ist darauf angelegt, mit allen Menschen auf Erden in lebendiger Beziehung leben. Diese Beziehung soll horizontal, sprich von Mensch zu Mensch, aber auch vertikal, sprich nach oben zu Gott hin, sein. Entscheidend ist, dass der Faden nach oben nicht verloren geht. Es gibt ja diese schöne Geschichte von der Spinne, die im Morgentau ihr Netz betrachtet und einen Faden sieht, der nach oben führt. Dessen Sinn und Zweck kann sie sich nicht so recht erklären, und sie sagt: »Dieser Faden stört mich aber sehr.« Sie beißt ihn ab – und das ganze Netz fällt in sich zusammen.

Dieser Faden, diese Verbindung zu Gott, geht aber nur allzu gern verloren bei der reinen Wetteiferei. Statussymbole sind ein klassisches Beispiel dafür: Wer hat das schönere Heim? Wer das schnittigere Auto? Wer trägt die edleren Markenklamotten? Wer die teurere Luxusuhr? Man kann mit solchen Vergleichen leicht aus den Augen verlieren, was den Menschen eigentlich wertvoll macht. Das katholische Menschenbild setzt dem etwas entgegen, denn es sagt: Es kommt nicht darauf an, wo du wohnst und was du besitzt und welchen Flecken Erde du bebaust. Sondern es kommt allein darauf an, ob du mit den Menschen und mit Gott in einem verlässlichen Beziehungsgeflecht stehst.

Daher werden katholische Priester und Ordensleuten immer mal wieder versetzt. So sollen die Menschen, die zu den Geistlichen eine

Beziehung aufgebaut haben, sich fragen, ob sie wirklich diese Geistlichen für die persönliche Beziehung zu Gott »genutzt« haben. So wird auch deutlich bis in die institutionelle Regelung der Kirche hinein: Die Beziehungen, die wir Menschen aufbauen, sind immer vorläufig. Ob wir in einer Ehe leben, in einer Gemeinde oder in einem Orden: All diese Formen von Gemeinschaft sollen ein Abbild der Beziehung sein, die Gott zu den Menschen hält. Mit der Dauerhaftigkeit, Beständigkeit und Innigkeit dieser Beziehung können sie sich aber nicht messen.

Das Katholische meint das Weite, das Weltweite, Umfassende und Weltumspannende. Das impliziert auch, in jedem Menschen einen Bruder oder eine Schwester zu sehen, auch in solchen, die uns fremd sind. Das fällt uns heute nicht immer leicht. »Vergesst die Gastfreundschaft nicht; denn durch sie haben einige, ohne es zu ahnen, Engel beherbergt«, sagt uns Paulus im Hebräerbrief (Hebräer 13,2). Dann beherbergen wir Menschen, die uns noch mal etwas Neues erzählen können von Gott. Solche Menschen laden uns ein, eine neue Gemeinschaft in Gott zu bilden. Franziskus von Assisi, *der* katholische Heilige schlechthin, sieht in jedem Menschen seinen Bruder, seine Schwester, und sogar in jedem Geschöpf. Franziskus ist der Heilige der Brüderlichkeit der Menschen untereinander. Wer in Gott verwurzelt lebt, für den gibt es keinen Fremden. Einen Fremden aufzunehmen heißt vielmehr, einen weiteren Aspekt Gottes zur Kenntnis zu nehmen. Der fremde Mensch ist uns eine Herausforderung. Ihn im Lichte Gottes zu betrachten heißt, sich die Frage zu stellen: Was will Gott mir schenken?

Die katholische Kirche fällt in der Gesellschaft dadurch auf, dass sie das behinderte, das arme, das benachteiligte Leben schützt. Also genau solche Menschen, die wir nicht »gebrauchen« können – wie man es im alltäglichen Sprachgebrauch nur allzu gerne formuliert. »Den kann ich jetzt aber nicht gebrauchen«, sagen wir schließlich oft. Und meist schieben wir unsere Eile und unseren hohen Beschäftigungsgrad vor, etwa um uns nicht mit dem Obdachlosen beschäftigen zu müssen, der uns um ein paar Münzen bittet. Dabei übersehen wir nur allzu gern die Herausforderung, die darin steckt, solchen Menschen offen zu begegnen. Seien es Obdachlose. Seien es Behinderte. Seien es Arme. Seien es Alte oder sogar Sterbenskranke. Jedem begegnet der Katholik mit der Frage: Was will Gott jetzt damit sagen, dass er diesen Menschen geschaffen hat? Jeder Mensch entspringt Gottes Kreativität, und er ist selbst eine Kreativitätsagentur des Heiligen Geistes, bringt neue Aspekte Gottes zum Vorschein. Katholisch meint: Wir wollen aus Gottes Hand annehmen, was und wie und wen er schafft. Und uns dadurch gern auch in Frage stellen lassen.

Der Mensch hat auch die Verpflichtung, sich treu zu sein. Er darf nicht als billige Kopie durch die Welt laufen. Daraus kommt auch unser Wissenschaftsverständnis: Weil jeder ein Original ist, kann und soll er auch Originales hervorbringen. Und jeder, der wie der ehemalige Verteidigungsminister Karl Theodor zu Guttenberg ein Flickwerk aus Plagiaten erstellt, macht sich schuldig an seiner eigenen Berufung. Er bleibt horizontal. Er setzt ein Puzzle von fremden Bausteinen zusammen, lässt sie aber nicht durch sich hindurchgehen. Er macht sich schuldig an seiner eigenen Berufung, original zu denken. Wenn ich dagegen um Gedanken ringe und um meine Art, Gedanken zu formulieren, dann gebe ich damit auch Gott die Ehre.

Genau darum geht es bei dem Anspruch, »echt« zu sein und sich nicht mit fremden Federn zu schmücken. Ich darf ich sein. Wenn ich mich anstrenge, ob in der Wissenschaft, ob in meinem Bestreben, Gutes zu tun, ob bei der Arbeit, dann sage ich zu Gott: Du hast mich geschaffen. Meine Biografie ist bruchstückhaft, sie hat auch schlimme Stellen und ist unvollkommen. Aber all das, all dieses irdische Material kann ich nutzen, um Neues von dir, Gott, aufblitzen zu lassen. Und um den Sinn der Welt neu zu entdecken. »Gratia supponit naturam«, die Gnade setzt die Natur voraus, dieser Satz des Dominikaners Thomas von Aquin war für mich immer ein Befreiungssatz. Weil ich dann nie einen traurigen Blick auf mein Leben werfen musste, vor allem im Vergleich mit anderen und ihrer vermeintlich besseren Biografie oder körperlichen Konstitution. Auch wenn ich ein ganz normaler, sündiger und fehlerhafter Mensch geworden bin. Ebenso wenig erschreckt mich angesichts dieser Aussage die Erkenntnis, womöglich nicht das Maximale aus meinem Leben herausgeholt zu haben. Ich kann mir immer sagen: Dies alles ist das Material, aus dem du, Gott, mich in meiner Einzigartigkeit geschaffen hast; ergänze du mit deiner Gnade, was nun noch fehlt.

Das katholische Menschenbild ist durchweg positiv. Allerdings will ich nicht verschweigen, dass es starke Strömungen gab und gibt, die sehr vom Kirchenvater Augustinus geprägt sind, der in etwa sagte: »Der Mensch ist böse.« Luther sprach im Gefolge dieses Traditionsstromes sogar von der armen Sündensau. Das Bild vom grundauf schlechten Menschen geht bis hinein in die Erlösungslehre, wonach der Mensch so verderbt sei, dass Gott ihn erst wiederherstellen musste. Wenn man das so negativ sagt, tut man auch Gott nicht recht. Der Mensch ist von Grund auf gut – diese Auffassung entspricht eigentlich dem katholischen Menschenbild. Man braucht dafür nur einmal die ausschweifenden Darstellungen in Bild und Skulptur der Barockzeit schauen. Der Mensch ist von Grund auf gut. Nur kommt er mit seinem Gutsein nicht zurecht. Weil er die Tendenz hat zu sagen: »Lass mich doch selbst Gott sein!« Er will ohne den Faden nach oben leben und merkt nicht, wie das Beziehungsnetz um ihn herum ohne diesen Faden über ihn haltlos hereinbricht.

Die katholische Kirche ist eine Hoffnungsgemeinschaft, nicht nur für den Einzelnen, sie hält die Hoffnung auch wach für die ganze Welt. Wir sind das nicht aus uns heraus, sondern wir sind es immer nur in Gemeinschaft mit Gott. Gesellschaftliche Strukturen ohne Bezug zu Gott sind zum Scheitern verurteilt, weil sie Gefahr laufen, zur Ideologie zu werden, sich selbst zu vergötzen. Da landet man am Ende bei Machthabern wie Gaddafi. Die haben eine bestimmte Vorstellung von der Welt und machen sich die Welt passend dazu. So ähnlich, wie es Bertolt Brecht in seiner Geschichte »Wenn Herr K. einen Menschen liebte« beschreibt:

»Was tun Sie«, wurde Herr K. gefragt, »wenn Sie einen Menschen lieben?« »Ich mache einen Entwurf von ihm«, sagte Herr K., »und sorge, dass er ihm ähnlich wird.« »Wer? Der Entwurf?« »Nein«, sagte Herr K., »der Mensch.«

Wie sollte sich die Gesellschaft mit Blick auf das katholische Menschenbild entwickeln? Die Väter des Grundgesetzes haben den Gedanken des Gemeinwohls in der deutschen Verfassung verankert. Dem liegt das Menschenbild der katholischen Soziallehre zugrunde. Jeder Politiker, alle Wirtschaftslenker und jeder Staatsbürger sollen sich dem Gemeinwohl verpflichtet wissen, nicht aus Zwang, sondern weil sie so am besten das Ideal des Menschen verwirklichen. Bei allem, was sie tun, planen und beschließen, müssen sie sich fragen: Dient es auch wirklich allen? Ist wirklich das gemeinsame Gute im Blick? Möglicherweise muss der eine oder andere auch seine persönlichen Vorstellungen hintanstellen. Wir könnten jetzt vielleicht noch reicher werden. Aber wenn es nicht allen nützt, dann müssen wir im Moment noch arm bleiben. Und nicht auf Teufel komm raus produzieren, koste es, was es wolle.

Die soziale Marktwirtschaft hat sich selbst diesen Bremsschuh eingebaut, nämlich das Soziale, das nicht dem wilden Kapitalismus huldigt. Der soziale Gedanke fußt auf der Vorstellung, dass alle voneinander abhängig sind. Wenn man so will, spiegelt sich diese Einstellung in ihrer radikalsten Ausprägung in den franziskanischen Orden wider. Diese Orden leben das, was Franziskus wollte und wofür er stand. Die franziskanische Armut ist eine fröhliche Bejahung der gegenseitigen Abhängigkeit der Menschen voneinander. Darin gründet jedes Ordensleben. Es geht nicht darum, sich wie in einer Sekte ein vollkommen harmonisches Miteinander vorzuspielen. In den katholischen Orden wird das Gemeinwohlprinzip radikal verwirklicht: Jeder lebt sein persönliches Ja Gott gegenüber und wird dann befähigt, frohen Herzens sich aus Liebe zum Bruder, zur Schwester, zur Gemeinschaft einzuschränken, die Gott ihm gibt.

Diese Einstellung hat auch außerhalb der Orden ihren Sinn: Es gibt keine andere Welt als die, die Gott uns gegeben hat und die wir von unseren Vorfahren übernommen haben. Sie ist uns anvertraut. Ebenso die Kirche. Das ist nicht eine Last, sondern schlicht und ergreifend unsere Aufgabe. Sie liegt erst mal im Hier und Jetzt. Ich nenne das gerne mit einem sehr katholischen Wort: Wir sind realpräsent. Packen die Wirklichkeit an. Gehen nicht weg. Bleiben da. Machen es wie Gott: »Ich bin der ›Ich-bin-da‹« (Exodus 3,14). Ich bin da im brennenden Dornbusch. Ich bin da in der Wüste. Ich bin nicht nur da, wo eitel Sonnenschein herrscht und alles in bester Ordnung ist. Sondern gerade da, wo Dornbüsche und Wüsten sind. Komm zu mir mit dem wenigen, was du hast. Ich bin da und kann Wunder in dir bewirken. Diese Hoffnung kommt von Gott her. Sie kommt nicht vom Betrachten der Wirklichkeit. Sie ist eine gottgegebene Wirklichkeit.

Immer wenn der Mensch allerdings versucht, sich ohne Gottes Hilfe auf Erden den Himmel zu schaffen, schafft er in Wirklichkeit eine Hölle. Das Glücksstreben ist heute sehr en vogue. Ob es die Menschen wirklich glücklicher macht, darf bezweifelt werden. Die Begegnung mit Gott ist etwas anderes. Dabei geht es um eine Reinigung archaischer Harmoniewünsche, die Sigmund Freud die intrauterine, innerleibliche Einheit zwischen Mutter und Kind nennt. Also die innige Verbundenheit, die ein Kind im Mutterleib mit seiner Mutter empfindet. Der Gottesglaube wird den Menschen zu einem Exodus aus diesen archaischen Harmoniewünschen führen. Das kindliche Streben nach einer heilen Welt, in der Mama alles für ihn regelt, wird er ablegen. Der Weg führt hin zu einem erwachsenen Annehmen der Wirklichkeit. So ist übrigens Jesu Aussage »Ich habe keine Mutter, ich habe keinen Vater« zu interpretieren. Oder: »Wer Vater und Mutter mehr liebt als mich, ist meiner nicht wert.« Das sind Worte, die einen Menschen aufrütteln. Sie befreien ihn aus dem Gefängnis seiner biografischen und biologischen Herkunft.

Mir wurde das klar, als ich mit 16 Jahren ein Seminar über Kirche und Taufe mitmachte. Dabei wurde mir sehr deutlich bewusst, dass ich durch die Taufe gestorben bin in Christus. Ich bin auferstanden zu einem neuen Leben. Und das heißt doch nichts anderes, als dass alles, was sterben kann, in Christus gestorben ist und begraben wurde. Da fiel es mir wie Schuppen von den Augen: Ich hänge nicht fest in den Familienbanden und auch nicht in engen nachbarschaftlichen und dörflichen Strukturen. Auch wenn viele mit ihrem Katholischsein vor allem die katholische Dorfkirche verbinden, in der alle miteinander ein Pfarrfamilienfest feiern: Das hinterfrage ich kritisch. Wenn dieses Pfarrfamilienfest nicht gesehen wird als die Vorwegnahme des Himmels und damit eine Feier Gottes, dann hat es seinen Sinn verfehlt. Wer von der Familie (oder Dorfgemeinschaft) spricht, schließt immer die aus, die nicht dazugehören. Wollen wir diesen Eindruck vermitteln?

Hier in der Pfarrei Liebfrauen in Frankfurt, direkt neben unserem Kapuzinerkloster, kommen viele Leute in die Kirche. Das Erste, was wir oft hören, ist der Satz: »Eigentlich gehöre ich ja nicht dazu.« Sie fühlen sich fremd. Sie meinen, sich dafür rechtfertigen zu müssen, in der Kirche zu sein. Niemand sagt: »Schaut, ich habe meinen Taufausweis dabei, ich gehöre dazu.« Es müsste vielmehr normal werden, dass man einfach hinzutritt zu einer feiernden Gemeinde und sich gleich daheim weiß.

In kleinen Gemeinden kann man oft ein kleines Wunder betrachten, das nur nicht so deutlich auffällt, weil wir uns schon daran gewöhnt haben. Dort sind jene, die nicht zum Dorf, zum Stadtteil, zur Gemeinde gehören, die Zugereisten, die Fremden, die Missionare vor

Ort. Sie trauen sich, in der für sie neuen Gemeinde das zu tun, was sie sich daheim nicht trauten oder wozu man sie nicht gebeten hat. Als solche, die »nicht dazugehören«, werden sie zu Kommunionhelfern, Lektoren und Pfarrgemeinderäten. Und das aus gutem Grund. Man kennt nicht genau deren Eltern und den ganzen Hintergrund. Man kennt nicht schon sämtliche großen und kleinen Sünden und Verfehlungen in deren Biografie. Deshalb kann man etwas direkter auf die Berufung der betreffenden Person schauen. Keiner weiß, wie sie lebt, aus welcher Familie sie kommt und welche Vergangenheit sie hat. Also kann die Botschaft, die die betreffende Person bringt, umso heller strahlen. Die Dorfbewohner fühlen sich sozusagen geehrt, wenn sie von einem Fremden so beschenkt werden. Kommt jemand ins Dorf, betätigt sich ein »Reingeschmeckter« als Gitarrist, Lektor oder Kommunionhelfer in der Kirche, dann ist die Reaktion positiver als bei jedem Einheimischen. »Guck mal, der macht das für uns und macht das bei uns. Der hat den gleichen Glauben wie wir!« Man fühlt sich geachtet und bestätigt.

Dieser Appell gilt aber allen Menschen und nicht nur den »Missionaren«: Herauszutreten aus dem Schatten der eigenen Familie, aus den dunklen Kapiteln der eigenen Familiengeschichte und aus den Verfehlungen der eigenen Biografie. Zu entdecken, welche Fähigkeiten, Talente und Tugenden Gott einem geschenkt hat. Und diese Fähigkeiten, Talente und Tugenden zum Wohl der Gesellschaft einzusetzen. Nichts anderes meinte Paulus, als er die Gläubigen dazu aufforderte, den alten Menschen abzulegen (Epheser 4,22–32).

Die Grundhaltung, sich mit der eigenen Person, aber auch mit der aktuellen Situation abzufinden und mit Gottes Hilfe das Beste daraus zu machen, würde auch unserer Gesellschaft guttun. Gerade, um die Fluchttendenzen einzudämmen, die überall zu finden sind.

Treue und Beständigkeit riechen nicht gut für viele Zeitgenossen. Sie müssen ständig auf Achse sein. Bindung und Heimat stehen dem beruflichen Fortkommen im Weg. Die kommunistische Idee von der

Disponibilität des Arbeiters in der vollkommenen Gesellschaft feiert im Kapitalismus fröhliche Urständ. Jeder, so liegt in der Luft, muss auf alles vorbereitet und für alles geschult sein. Es setzt sich die Meinung durch, jeder könne jederzeit in der Arbeit, aber auch im Privatleben neu ansetzen. Euphemistisch wird das dann »Erfahrungen sammeln« genannt. Der »Generation Praktikum« folgt freiwillig-unfreiwillig die »Generation Bachelor«. Sie mag in vieles Einblick gewonnen haben. Das jedoch um den Preis, den Überblick verloren zu haben.

Die Entwicklung der menschlichen Person erfolgt aber nicht nach dem Prinzip der russischen Matroschka. Es kommt nicht auf die Hüllen an, in die wir uns hineinstecken oder hineinstecken lassen. Was den Einzelnen ausmacht, ist sein Wesen, seine Seele, ist sein Personkern. Diese drei Begriffe ersetzen sich gegenseitig. Immer geht es darum, dass jeder sich selbst mitnehmen muss und niemanden und nichts abstreifen kann wie ein altes Kleid. Der Ruf des Breslauers Johannes Scheffler, genannt Angelus Silesius (1624–1674), bringt es auf den Punkt:

Mensch, werde wesentlich;
denn wann die Welt vergeht,
So fällt der Zufall weg,
das Wesen, das besteht.

Zufall ist hier wörtlich zu verstehen: Der Lehrer, der einen auf die richtige Lernmethode aufmerksam machte; die Nachbarin, die einen hinwies auf Fertigkeiten, die selbst den Eltern verborgen blieben; ein Onlineartikel, der einem die Augen öffnete und Perspektiven erschloss, die man nicht mehr missen mag.

Leben ist kein Bäumchen-wechsel-dich-Spiel. Menschsein darf sich nicht darin erschöpfen, trügerischen Bildern von einem glücklichen oder vollkommenen Leben hinterherzujagen. Viele werden dadurch kurzsichtig. Sie setzen auf den schnellen Erfolg. Das große

Glück. Die totale Erfahrung. Um all diesem ebenso schnell wieder zu enteilen. Solche Oberflächlichkeit macht nachhaltig unzufrieden. Und das, obwohl sie oft genug im Namen der Glückssuche betrieben wird. Sie treibt uns vor sich her mit der teuflischen Verlockung, der Ernstfall Leben käme erst später, woanders würde es Besseres zum Leben geben, und es könnte auf keinen Fall hier und jetzt zu finden sein. Wie viel Leid kam auf diese Welt, weil Menschen nicht beackerten, was sie hatten, sondern in Traumwelten flohen und dort erringen wollten, was gar nicht zu ihnen passte. Treue zum Beruf, zur Ausbildung, zum Lebenspartner und zum Kind ist in dieser Vorstellungswelt nur lästig.

Keiner kann sich neu erfinden. Wer immer auf dem Sprung ist zu dem, was noch besser sein könnte, darf nicht vergessen, dass er immer mit sich selbst fortspringt. Keiner kann sich neu erfinden. Wir müssen aufs Neue entdecken, dass jeder Mensch einmalig und unverwechselbar ist. Er hat mit seinem ganzen Wesen Achtung verdient. Die ganze Welt soll sich auf ihn einstellen, anstatt ihn nach ihren Wünschen zu formen und zu verbiegen. Wir müssen aufhören, davon zu sprechen, dass jemand »ins Team passen« muss. Nein, das Team muss bereit sein, sich mit dem Neuen, der aufgenommen wird, zu verändern. Die Studierenden haben recht, wenn sie sich dagegen wehren, nur noch zugerichtet zu werden für Aufgaben in Wirtschaft und Gesellschaft. Nein, Wirtschaft und Gesellschaft müssen jungen Menschen ermöglichen, sich umfassend und mit Muße zu bilden, damit sie neue Impulse geben können und Wirtschaft und Gesellschaft vom Wiederkäuen der alten Parolen erlösen können.

Für eine Partnerschaft gilt: Man sollte einander nicht in die Bilder und Formen zwängen, die man sich von einem Idealmann oder einer Idealfrau gemacht hat. Der Ausstieg ist sonst schon vorprogrammiert. Wir müssen Treue und Beständigkeit wieder hervorholen ins kollektive Bewusstsein als Werte, an denen der Mensch wachsen kann zu einer Größe, für die es kein vorgefertigtes Kleid gibt.

Wir brauchen keine einheitlichen Menschen, sondern Menschen, die mit sich eins, mit sich im Reinen sind. Solche, die zu nichts zu gebrauchen sind, die aber gern alles gebrauchen, was ihnen das Leben bietet, um Persönlichkeit zu entwickeln, die niemals bereit ist, das Festgewand einer reifenden Existenz abzustreifen.

Um als Gesellschaft zur Reife zu gelangen, müssen wir schlicht die Wahrheit anerkennen, dass jeder Mensch fehlbar ist. So wie jeder Mensch erkranken kann. Und jeder Mensch seinem Leben ein Ende setzen kann. Diese Widersprüchlichkeit zu unserer Sehnsucht nach Leben kommt vor. Wir müssen darüber sprechen, dass wir uns selbst oft im Wege stehen und nicht erreichen können, was wir wollen: Sei es, weil unser Körper uns Grenzen setzt oder unsere Seele oder unser Geist. Auch eine bestimmte Konstellation im Miteinander setzt manchmal Grenzen. Eine humane Gesellschaft tritt diese konstitutive Behinderung des Menschen nicht mit Füßen und will sich nicht daran weiden. Sie muss wachsam sein, wo diese Einschränkung ihrerseits missbraucht und ins Kalkül gezogen wird.

Menschlich wird es da, wo man Fehler eingestehen darf und wo Menschen sich einander die Hand zur Versöhnung reichen. In kleinen Gesprächen und manchmal auch großen Gesten müssten wir von politisch, wirtschaftlich und gesellschaftlich Verantwortlichen öfter hören können: Da habe ich mich geirrt! Da habe ich diesen Wert aus den Augen verloren! Hier wollte ich tatsächlich nur mir was Gutes tun!

Bessere Menschen werden wir, wenn wir im Gespräch bleiben über das, was nicht gut war. Wie entspannt könnten wir neue Taten ersinnen, wenn wir voneinander wieder neu annähmen, wir müssten das nicht gleich vollkommen tun. Die Erfahrung lehrt: Wenn wir unfehlbar für wahr halten, dass wir Fehler machen können, entsteht eine Atmosphäre des Vertrauens. Keiner muss mehr fürchten, er könne etwas falsch machen. Deutschland braucht diesen Freiraum.

Heilige – der Mut zum Ideal

Alle Getauften sind heilig. Das steht für den Apostel Paulus und die frühchristlichen Gemeinden fest. Wer Christ wurde, ist im Bad der Taufe geheiligt worden. Sie wurden dabei in Jesu Tod und die Auferstehung eingetaucht und tragen schon das ewige Leben in sich. Deswegen gilt: Sie können nicht mehr wirklich sterben. Und daraus folgt: Sie werden Jesus aus ihrem Leben heraus handeln lassen. Leider gelingt das aber den meisten nur ansatzweise.

Die offiziell von der katholischen Kirche als Heilige anerkannten Menschen sind besonders leuchtende Beispiele dafür, wie wirksam der einzig wirklich Heilige, Jesus, ist. Heilige müssen sich diesen Titel nicht verdienen. Sie haben einfach getan, was ihnen aus der Stimme ihres Herzens als Auftrag von Gott klar wurde. Wichtig: Sie haben sich dem Urteil der katholischen Kirche unterworfen. Sich mit einem Priester besprochen. Der heilige Franziskus ist zum Papst gegangen. Für sie war klar: Das Heilige muss gehütet werden und dem Zugriff des möglichen eigenen Egoismus entzogen werden. Darum sind sie in den Dialog mit den Amtsträgern getreten. Sie wollten so verhindern, dass sie einem Irrtum unterliegen – was übrigens nicht in jedem Fall gelungen ist.

Ihre »Leistung« ist, dass sie sich nicht von ihrer Berufung haben abbringen lassen. Und das deswegen, so besagt es die katholische Heiligenverehrung, weil sie einen besonders guten Draht zu Jesus hatten. Daher können sie wie gute Freunde oder Geschwister – in der Taufe werden wir ja über den Tod hinaus Schwestern und Brüder – gebeten werden, ein gutes Wort einzulegen bei Gott.

Auf keinen Fall werden die Heiligen *angebetet*, auch nicht Maria, die Gottesmutter. Vielmehr werden sie als Vorbilder verehrt und um Beistand und Fürsprache bei Gott gebeten. In ökumenischen Gebetszeiten könnte meines Erachtens gebetet werden: Martin Luther, Vorbild für das unverbrüchliche Vertrauen auf die Gnade, du unser Bruder, lebendig kraft der Taufe über den Tod hinaus, bitte mit uns.

Es ist übrigens ein Irrtum zu glauben, die Heiligen würden sich dadurch auszeichnen, dass sie nie gesündigt haben. Sie haben vielmehr die Sünder erkannt und darunter gelitten. Heilig zu sein heißt eigentlich, auf den heiligen Gott zu vertrauen, in Gott heil werden zu können. Und Heil meint nicht das persönliche Wohlbefinden, sondern ein Leben, das mit dem übereinstimmt, wie wir geschaffen sind, und auf dem Weg zu gehen, auf dem Gott den einzelnen Menschen führt. Heilig sein bedeutet: Der eigenen Einzigartigkeit die Ehre zu geben – und damit auch der Einzigartigkeit des anderen. Das Doppelgebot der Nächsten- und Gottesliebe kommt hier voll zum Zuge. Das ist kein ethischer Imperativ:»Streng dich an und liebe!«, sondern die Folge einer großartigen Entdeckung: Gott hat mir das Zeug dazu gegeben, heil zu werden.

Aber bleiben wir hier zunächst einmal bei den sogenannten kanonisierten Heiligen, also den von der katholischen Kirche anerkannten Heiligen. Ein gutes Beispiel ist der heilige Franziskus von Assisi. Ihm, dem Kaufmannssohn, ging auf, wie sinnlos er nach Reichtum und gesellschaftlicher Anerkennung gierte. Es dauerte einige Jahre, bis er begriff, warum er zwischendurch immer wieder abtauchte und sich vom fröhlichen Treiben der Straße zurückzog in die Berge rund um Assisi. Das machte er nicht, um ein Heiliger zu werden. Er folgte den Impulsen seines Herzens. Schließlich kam es so weit, dass er in einem gewagten Schritt die gesamte Ausrüstung, die sein Vater ihm gekauft hatte, damit er den Ritterschlag erhalte und zum Adel aufsteige, seinen Kameraden überließ: Er wollte nicht mehr dem Kaiser und Papst dienen, die er als Diener Gottes begriff, sondern dem wirklichen Gott allein. So löste er sich vom sicheren Verdienst des Kaufmannsgewerbes und befolgte buchstäblich die Weisung Jesu: Nehmt nichts mit auf den Weg. Es schlossen sich ihm immer mehr Männer an, und auch Frauen – Klara von Assisi und weitere –, die nichts anderes im Sinn hatten, als Gott mehr zu vertrauen als allen Sicherheiten von Besitz und Verdienst. Als Tagelöhner und Bettler lebten sie, um gemäß Jesu Wort nicht für Morgen zu sorgen, sondern nur für das Heute. Darin begründeten sie eine Bewegung, die bis heute wirkt mit einer faszinierenden Vision: Alle Menschen sind Brüder und Schwestern. Keiner darf auf Kosten des anderen reicher sein. Die Schöpfung bietet genug, um alle zu ernähren – wir sollten erkennen, dass wir von ihr alle gleich abhängig sind und niemand das Recht hat, sich Bereiche der Schöpfung anzueignen, um für sich selbst allein daran zu verdienen. An Franziskus, der nun wirklich kein Interesse an Welt- oder Kirchenpolitik hatte, sieht man deutlich: Wer einfach auf Gottes Heiligkeit zählt und sich von ihr allein bestimmen lässt, wird unweigerlich zu einem politischen, weil Welt und Kirche verändernden Menschen. Ich bin froh, zu dieser Bewegung zu gehören. Ein bekanntes Gebet aus dem frühen 19. Jahrhundert wird mit Recht als von franziskanischem Geist erfüllt genannt: Herr, mach mich zu einem Werkzeug deines Friedens. Man könnte auch sagen: deiner Heiligkeit.

Wo Katholiken sich einig sind, dass Menschen wirklich die Werte des Evangeliums auf ihre Weise in ihrer Zeit gelebt haben, werden sie heiliggesprochen. Deren Verehrung wird oft ebenso belächelt oder kritisiert wie die Angewohnheit vieler Katholiken, die Heiligen um Beistand und Fürsprache in schwierigen Situationen zu bitten. Tatsächlich aber ändert sich schon viel, wenn man darauf vertraut, prominente Fürsprecher zu haben. Die Heiligen wirken bis in den Alltag hinein mit ihrem Beispiel und mit ihrer Fürsprache. Sie haben auch unserer Gesellschaft viel zu sagen. Als Vorbilder, denen die Katholiken vertrauen, fragen sie die Gesellschaft: Wer ist denn eigentlich für euch ein Vorbild? Haben Vorbilder eine Chance? Gibt es Ideale unter euch? Ist derjenige ein Vorbild, der zwei Ehen hinter sich hat und auch noch in der dritten Ehe sein Glück sucht? Oder müssen wir sagen: Das scheint zwar vorzukommen, und wir haben die Menschen in dieser Situation nicht zu be- oder zu verurteilen, aber ideal ist so etwas nicht?

Haben wir den Mut zum Ideal? Trauen wir uns noch in unserer pluriformen Gesellschaft, zumindest einmal danach zu suchen? Was wollen wir jungen Menschen sagen? Die Rede von den Heiligen in der katholischen Kirche möchte der Gesellschaft Mut machen, nach ihren eigenen Idealen zu suchen. Es gibt sie! Es ist nicht alles gleich gültig. Wer so denkt, muss ja gleichgültig werden! Wir können und müssen den jungen Leuten sagen, wie wir zu aufrechten, glücklichen Menschen werden: Etwa indem wir uns bilden. Indem wir an einer Sache dranbleiben und nicht so schnell aufgeben. Indem wir in der Schule nicht das Fach wählen, wo wir am wenigsten tun müssen. Sondern indem wir das wählen, bei dem wir am meisten tun müssen, das uns aber auch am meisten entspricht. Indem wir bei der Berufswahl nicht das aussuchen, wo wir am meisten Geld verdienen und uns den höchsten Lebensstandard leisten können. Sondern das tun, was unseren Fähigkeiten entspricht und zugleich der Gemeinschaft dient.

Haben wir den Mut, unseren Jugendlichen und auch den Erwachsenen zu sagen, zu einem ordentlichen Leben gehört es, dass sich jeder in der Woche zwei Stunden sozial engagiert? In der ganzen Diskussion um die Einführung des verpflichtenden sozialen Jahres spielt das eine große Rolle. Wir wissen, dass die Schulpflicht unsere Gesellschaft einen großen Schritt vorangebracht hat. Genauso braucht es eine Sozialpflicht. Eine Gesellschaft, die will, dass die Jugendlichen für die soziale Dimension des Miteinanders wach werden. Das geht nicht ohne Opfer, und es geht nicht ohne Einsatzbereitschaft. Es geht auch nicht ohne Durststrecken, die man durchstehen muss, wenn man Arme, Kranke oder sogar Sterbende auf ihrem Weg begleitet.

Wenn wir wollen, dass unsere Gesellschaft eine soziale Gesellschaft ist, dann müssen wir ihren Mitgliedern auch ein Ideal vor Augen stellen. Wir sollten sozusagen definieren: Was ist ein Heiliger in der Gesellschaft? Einer, der sich sozial engagiert. Der sich dem Gemeinwohl verpflichtet fühlt. Der auch zu seinen Kindern sagt: »Kinder, heute Abend habe ich Vorstandssitzung im Sportverein, deswegen geht's nicht auf die Schlittschuhbahn.« Der einfach sagt: »Um des Gemeinwohles willen bin ich auch bereit, das eine oder andere Opfer zu bringen.« Wir brauchen die Heiligen unseres Alltags, unseres gesellschaftlichen Zusammenlebens und sollten das auch benennen: Wer sind unsere Vorbilder?

Alle klagen darüber, dass Politiker kein Vorbild sind und dass die Unternehmer ihrer Vorbildfunktion nicht gerecht werden. Dieses Klagen kehrt ein bisschen unter den Tisch, dass wir umgekehrt im positiven Sinne gar nicht sagen können, was denn ein vorbildlicher Politiker wäre. Ein vorbildlicher Politiker wäre beispielsweise jemand, der uns die Wahrheit sagt über die Rentenfrage. Den würden wir aber gar nicht mehr wählen. Das führt zu Politikspielchen, die das Volk für dumm verkaufen. Gestern war man noch für die Laufzeitverlängerung von Atomkraftwerken, heute ist man dagegen. Gestern wollte man den Autoverkehr eindämmen, heute muss man sich, weil man ja Regierungsverantwortung hat, über steigende Produktionszahlen in den Betrieben des eigenen Landes freuen. Allerdings: Das Volk bekommt die Politiker, die es will. Denn wer als Politiker die Wahrheit sagt, wird gar nicht mehr gewählt. Würde sich heute ein Politiker hinstellen und uns die Wahrheit über die Rente erzählen, er wäre im Nu abgewählt. Zugleich spürt das Wahlvolk ein immer größeres Unbehagen darüber, auf Wahlversprechen nicht vertrauen zu können. Vielleicht resultiert auch daraus die vielbeklagte Politikverdrossenheit.

Aus diesem Grund sind das Bundesverdienstkreuz und die Bürgermedaillen der Länder alles andere als fehl am Platze, und auch sonstige Ehrungen für außergewöhnliches Engagement nicht. Sie zeigen uns die Vorbilder, die es in der Gesellschaft heute gibt. Menschen, deren positives Wirken sonst womöglich unterginge oder von allen als Selbstverständlichkeit betrachtet würde. Gerade weil solche Ehrungen im festlichen Rahmen vorgenommen werden und weil in der

Presse darüber berichtet wird, kommt die Botschaft bei der Bevölkerung an: Wer eine solche Auszeichnung bekommt, wird für andere als Vorbild sichtbar. Meist sind es Menschen, die sich durch soziales oder bürgerschaftliches Engagement besonders hervorgetan haben. Die nicht der Versuchung ständigen Gewinnstrebens erlegen sind, sondern viel für die Gemeinschaft getan haben. Sie machen vor, wie es geht. Wir einzelnen Mitglieder der Gesellschaft tun gut daran, es ihnen nachzumachen.

Was unseren jungen Leuten allerdings durch vermeintliche Wettbewerbe für einen »Superstar« an sogenannten Vorbildern vorgestellt wird, spottet der Bedeutung eines lebensertüchtigenden Ideals. Da geht es mehr um Stimmungen und den daraus folgenden Quoten für ein Unterhaltungsprogramm. Junge Menschen erkennen das nur schwer und nehmen für bare Münze, was ihnen dort geboten wird. Sie durchschauen kaum, dass da nicht einer wegen seiner Fähigkeiten und seines Einsatzes, in Übereinstimmung mit seinem wirklichen Charisma, ausgewählt wird. Sie bekommen den Eindruck, dass derjenige ein Superstar ist, der am besten den für unterhaltsam gehaltenen Unverschämtheiten einer sogenannten Jury widersteht. Welche menschlichen Wracks zurückbleiben, wenn die Scheinwerfer verlöschen, wird ihnen vorenthalten.

Wir brauchen Kriterien, nach denen jemand für uns in Deutschland ein Vorbild ist. Und auch hier werden wir schnell zu der Erkenntnis kommen: Ein Vorbild ist jemand, der seine eigene Person in den Hintergrund stellt und Dinge tut, die vorrangig der Gemeinschaft dienen. Der sich etwa besonders um Bildung und Kultur bemüht. Der einen enormen sozialen Einsatz zeigt. Der als Unternehmer die Ausbildung nicht vernachlässigt, sondern im Gegenteil mehr Lehrlinge einstellt als der Durchschnitt. Der ein Fußballturnier veranstaltet, um damit die nötigen Mittel für das örtliche Krankenhaus aufzubringen. Vorbildlich ist, wer sich um sozial Benachteiligte kümmert, und zwar persönlich und nicht nur durch gelegentliche Geldspenden. Vorbildlich ist jemand, der die Geschichte der eigenen Heimat erforscht und seine Erkenntnisse den Bewohnern seiner Region zugänglich macht. Die Liste ließe sich beliebig fortsetzen. Wenn wir einen solchen Kriterienkatalog entwickeln, entdecken wir schnell: Eigentlich fehlt es uns an Vorbildern nicht. Wir müssen sie nur wahrnehmen. Und von ihnen lernen.

Maria – Mit Gottesmut zum Neubeginn

Die Marienfrömmigkeit ist gesellschaftlich oft nicht sehr hoch angesehen. Viele, mit denen ich spreche, denken, wir Katholiken würden Maria ständig in den Vordergrund spielen. Das ist aber ein Irrglaube. Nicht wir spielen Maria in den Vordergrund, sondern wir glauben, dass Gott mit Maria alle Menschen in den Vordergrund gespielt hat. Er möchte die Welt mit dem Menschen retten, nicht ohne ihn. Maria ist seit Beginn der Christenheit als Mutter Gottes verehrt worden. Sie hat den Heiligen Geist so empfangen, dass Gott Vater seinen Sohn durch sie als Mensch zu uns senden konnte. Das ist die eigentliche skandalöse Feststellung der Gläubigen. Gott wird Mensch. Man muss sich nicht über Maria aufregen. Sondern wenn schon Aufregung, dann über das Gottesbild der katholischen Kirche. Sie behauptet tatsächlich, Gott könnte den Menschen ganz nahe kommen, mit ihm intim werden. Er habe sich an den Menschen gebunden, an den Menschen, der doch so schrecklich sich verirren kann mit seinen Möglichkeiten. Was für eine gewaltige Aussage!

Christen finden es befreiend und erlösend, zu glauben, dass Gott uns so nahe kommen kann. Wenn er schon von der Jungfrau Maria seinen Sohn gebären lassen kann, dann kann er an uns Menschen auch noch ganz anderes vollbringen. Und vor allen Dingen: Er will es vollbringen. Wir müssen es nur geschehen lassen. Das Ärgernis der Marienverehrung liegt darin, dass Maria nicht die Große ist, weil sie etwas geleistet hat. Sie hat nichts getan, sondern sie hat Großes einfach zugelassen. Das stößt einer Schaffergesellschaft, einer Machergesellschaft, einer Produktionsgesellschaft bitter auf, in der alle etwas tun müssen für ihr Ansehen. Alle müssen sich schön kleiden, müssen sich schminken, müssen heftig die Werbetrommel für sich rühren, damit sie zu etwas werden. Und da betritt nun dieses junge Mädchen in Nazareth die Weltbühne und wird von Gott gekleidet mit Huld und Erbarmen, wie die Bibel es ausdrückt. Maria wird mit der Gnade bekleidet, und sie wird besucht vom höchsten Himmelsthron. Da kommt einfach jemand in ein kleines Nest in Israel und sagt zu dieser unscheinbaren jungen Frau: »Du bist Superstar. Und das, obwohl du nicht einen einzigen Song abgeliefert hast.«

Es gibt natürlich auch noch diejenigen, die sich darüber aufregen, dass Maria in zahlreichen Kirchenliedern nicht mehr als das einfache Mädchen und die Magd besungen wird, die sie einst war. Vielmehr wird lauthals das Lob auf die »wunderschön Prächtige«, auf Meeresstern und Himmelskönigin gesungen. Aber wir können nicht in jedem Lied bei Adam und Eva anfangen. Wir können unmöglich immer alle Geschichten von Anfang an erzählen. Die Lieder, die wir Katholiken singen, sind Endprodukte. Manche besingen ihren Weg zur Gottesmutter, viele aber lassen den Weg aus, den Maria gegangen ist, bis sie zur Himmelskönigin wurde – weil sich der Himmelskönig mit ihr durch den Heiligen Geist vermählt hat. Sie setzen das Geschehene voraus und erzählen nur den Schluss: »Ave Maria klare, du lichter Morgenstern, du bist ein Freud fürwahre des Himmels und der Erd.« Es geht dann schon zur Sache: »Ohn Sünd bist du geboren.« Will sagen: So neu hat Gott mit dir unsere Geschichte begonnen, dass ein von Gott frischgeschaffener Mensch seinen Sohn als neuen Menschen der Menschheit schenken konnte. Leider werden die heilsgeschichtlichen Marienlieder, die die ganze Geschichte erzählen, in den katholischen Gottesdiensten nicht in sieben Strophen gesungen. Sonst würden die Leute sich sofort beklagen und jammern, dass das viel zu lange dauert. Nebenbei bemerkt: Bei einer Karnevalsfeier käme kein Mensch auf die Idee, von »Es gibt kein Bier auf Hawaii« nur zwei Strophen zu singen, weil es sonst zu lange dauern würde. Wir Katholiken sind schon auch selbst schuld dran, wenn wir es uns nicht gönnen, solche Weglieder von Anfang bis Ende zu singen. Aber das ist ein anderes Thema. Die sogenannten modernen Menschen sind in Bezug auf Maria wirklich in einer schwierigen Situation. Viele Katholiken sind davon nicht ausgenommen. Sich hineinfallen zu lassen in eine Glaubenstradition und ihr einfach zu vertrauen, das ist uns fremd geworden, die wir so viele Gründe kennen, anderen zu misstrauen. Wir sind eine verkopfte Gesellschaft und wollen für alles eine Erklärung haben. Das ist teilweise grotesk. Es ist, als würde man zu einer Hochzeit einen Psychologen mitnehmen. Der würde dann allen Gästen genau erklären, was es mit Braut und Bräutigam auf sich hat, warum sie sich lieben, was neurobiologisch hinter gegenseitiger Anziehung steckt und wie hoch, statistisch gesehen, die Chance ist, dass eine Ehe hält. Damit wäre aber das Geheimnis der Liebe nicht getroffen, mehr noch: Es wird zersetzt, wenn man meint, es nur so verstehen zu können. Und ähnlichen Gefahren sind wir Gläubigen ausgesetzt, wenn wir allein mit dem Verstand begreifen wollen und nicht mit dem Herzen.

Das Reden der Katholiken von Maria kann man nicht verstehen, wenn man die Bibel nicht kennt. Das ist auch der Nachteil unserer schönen Dorfkirchen mit all ihren Darstellungen: Da ist eine gewisse Kunstrichtung einfach eingefroren. Ich bin deshalb übrigens gegen die Restaurierung von jedem und allem in unseren Kirchen. Auch solche Darstellungen kann man nicht verstehen, wenn man die Bibel nicht kennt. Die verschiedenen Bilder, die gemalt wurden, um Maria besser zu verstehen, leben von Bibelzitaten, die man auf Gottes Handeln an Maria übertragen hat. Die Künstler haben im 16., 17., 18. und 19. Jahrhundert unsere Kirchen mit Figuren und Darstellungen ausgestattet, welche die biblische Sprache in die Bildersprache der damaligen Zeit übersetzten. Und wenn ein Kirchenbesucher heute die biblische Grundlage nicht kennt, schaut er sich diese Bilder an, geht er nach Hause und denkt: »Eine Königin? Was soll das denn? Und was hat das mit mir zu tun?« Deshalb bin ich gegen die Restaurierungswut, mit der viele Kirchen einfach wiederhergerichtet werden. Im Grunde genommen wird dadurch das Unverständliche für uns heute noch einmal aufpoliert. Alles wird noch einmal in einen schönen, strahlenden Zustand versetzt. Aber kein Mensch versteht mehr die biblische Wahrheit, die hinter den Kirchenbildern und figürlichen Darstellungen steht. Dieses unmittelbare Empfinden, von aktuellen, spontan ansprechenden Bildern durch die Botschaft Gottes beglückt zu werden, stellt sich bei Kirchenbesuchern nur schwer ein, die heute in eine alte Kirche gehen.

In unrestaurierten Kirchen sieht man, dass die Bilder alt sind. Dass sie aus einer anderen Zeit kommen. Und auch dass sie vergänglich sind. Wir müssen sicher manches als wertvollen Kunstschatz ins Museum stellen. Der katholische Glaube ist aber ein Entwicklungsglaube. Ein kreativer Glaube eben. Das Katholische hat sich immer weiterentwickelt. Es wäre wesentlich besser, ein Kirchenkünstler würde die biblischen Bilder in die heutige Sprache übersetzen. Das barocke Marienbild wäre in einer Kunstausstellung besser aufgehoben. Aber heute leben wir einfach anders. Ich kenne nur wenige Kirchen, in denen Autos vorkommen. Das ist doch seltsam. Aber Pferde kommen darin vor. Wer einmal in die Autobahnkirche in Baden-Baden geht, sieht, wie der Künstler Emil Wachter in den 70er-Jahren versuchte, die heutige Zeit in seine Bilder hineinzubauen. Da sieht man Raketen und all das, was es heute gibt. Solche Bilder vermitteln einen realeren Eindruck davon, wie nah uns Gott auch heute sein will.

Der Papst hat nicht umsonst im März 2011 bei der Eröffnung einer Sitzung des Medienrates im Vatikan in seiner Predigt sinngemäß gesagt: »Sucht nach aktuellen Bildern vom Reich Gottes in eurer Internetwelt. Erzählt Gleichnisse aus dem, was ihr da erfahrt.« Die alten Bilder sorgen dafür, dass wir Gott nicht erfahren, der uns ja heute ebenso nahe sein will und mit uns auch neu anfangen will, wie er es damals mit Maria tat. Wir entfernen uns von Gott, indem wir ihn suchen in Bildern, die alte Gottsucher gemalt haben, die wir aber heute gar nicht mehr verstehen. Wir brauchen viel mehr Vertrauen in die Kreativität des einzelnen Gottsuchers heute. Es ist nicht sehr realitätsnah, wie an Weihnachten die Krippen gebaut werden. Alle Menschen meinen, es ginge um Maria und Josef, einen Stall, einen Esel und einen Ochsen. Dabei geht es eigentlich um eine große Katastrophe: Gott kommt hinein mitten in Gaddafis Gefängnisse. Oder mitten in die Erdbeben-, Tsunami- und Atomkatastrophe in Japan. Oder in das Obdachlosenheim einer deutschen Stadt. Dort wird er Mensch. In dieser Wahrheit steckt politische Kraft.

Ein Pfarrgemeinderat sollte sich ruhig einmal Gedanken machen: Wo sind heute in unserem Dorf die Fluren von Bethlehem? Wo ist die Familie, die am wenigsten geliebt wird? Wo ist die Straße, die am wenigsten besucht wird? Wo sind die Menschen, vor denen wir Angst haben, weil sie irgendwie komisch sind? Dann lasst uns doch dieses Jahr unsere Kirchenkrippe bauen in dem Mehrfamilienhaus, in dem unsere Asylbewerber wohnen. Und dann gehen wir mit unserem Weihrauch dorthin und beten Gott an, dass er dort Mensch wird. Krippendarstellungen sind nicht mehr als ein Bild vom Bild. Der Evangelist Lukas bedient sich kräftiger biblischer Bilder, um in seinem Evangelium schon am Anfang zu sagen, dass Gott einbricht in die Welt der Mächtigen (»König Herodes«), der Ausgestoßenen (»die Hirten auf dem Feld«) und der Philosophen (»die Weisen aus dem Morgenland«). Die herkömmlichen Krippen sind davon ein Plagiat. Wir kupfern das ab, machen unsere Bilder davon, und der Bezug zur starken Botschaft der Bibel verschließt sich mehr, als dass er offengelegt wird. Lukas nimmt Bezug auf die Bibel und seinen Glauben, indem er das Evangelium so schreibt, wie er es schreibt. Von seiner Erkenntnis schreiben wir unsere Krippen ab. Wir müssten eigentlich erst nachsehen: Was hat er wirklich gemeint, und was bedeutet das für uns heute?

Jesus ist Mensch geworden und erscheint auch heute, mitten in unserer veränderten kirchlichen Landschaft. Da, wo wir denken, da kann Gott doch nicht mehr sein, wo andauernd Pfarreien aufgelöst und zusammengelegt werden. Oder wo es immer weniger Priester gibt. Doch genau dort ist Weihnachten! Dort, wo vieles im Argen liegt, ist Jesus Mensch geworden. Die katholische Kirche ist in ihren Grundbewegungen, in dem Glauben, die sie selbst bewahrt, viel weniger resistent gegenüber Veränderungen, als ihr immer wieder unterstellt wird. Sie scheint vielen nicht mehr zu sein als eine Historienansammlung. Ein Museum scheinbar harmonischer Zeiten mit einer Botschaft, die auf den Dachboden gehört oder in den Keller der Geschichte. Es stört mich selbst, dass die päpstliche Liturgie im Rokoko-Rahmen bombastische Bilder liefert, die wunderbar anzusehen sind und viele beeindrucken. Aber es verkommt leicht zu billigem Royal-TV, wenn man dabei stehen bleibt. Ich erinnere mich an den Besuch von Michael Schumacher bei weißgewandeten Scheichs, was zu eindrucksvollen Bildern führte, die in der Sport- und Klatschpresse abgedruckt wurden. Hauptsache die Bilder stimmen. Übertragungen von katholischen Gottesdiensten, nicht nur aus Rom, sehe ich daher mit gemischten Gefühlen: Wer den katholischen Glauben nicht kennt, kann durch das Anschauen leicht in die Irre geführt werden, ebenso wie beim Anschauen von Kirchenbildern oder -skulpturen. Nein, der Papst, der Priester spielen nicht die Hauptrolle in der Theorie des katholischen Glaubens. Auch nicht die Musik. Nicht Maria. Und nicht irgendein Wunder. Die Mitte der Kirche ist Gott. Hätte er sie nicht gewollt, und würde sein Geist sie nicht zusammenhalten, wäre alles Sichtbare nicht mehr als »dröhnendes Erz oder eine lärmende Pauke« (1 Korinther 13,1).

Maria steht dafür, dass Gott sich einsenkt. Es geht um die Bewegung Gottes in Richtung Mensch. In Richtung Sünder. In Richtung Armer. In Richtung Ausgestoßener. Durch einen radikalen Neuanfang mit der Menschheit gibt Gott uns Jesus. .In ihm kann und soll sich die ganze Menschheit wiederfinden und aufhören, sich in Völker und Religionen aufzuspalten. Der südamerikanische Befreiungstheologe Leonardo Boff sagt treffend: »Das Christentum ist keine Religion, es ist das göttliche Leben selbst.« Es steht für einen neuen Menschen. Wünschen wir uns nicht auch, dass es gute und gänzlich unbelastete Neuanfänge gibt? Sowohl die unbefleckte Empfängnis Mariens durch ihre Eltern Anna und Joachim als auch die Jungfrauengeburt sind zwei Dogmen, die genau das zum Ausdruck bringen: Ein radikaler Neuanfang ist möglich. Wie nach einem Krieg und totaler Zerstörung. Man fängt komplett neu an. Alle Archive sind zerstört, alle Akten vernichtet. Wir fangen wieder komplett neu an und erstellen ganz simple Regeln des Zusammenlebens. Was für eine Aussicht in einer Zeit, in der wir nur noch die Verordnung zur Verordnung zur Verordnung machen! Alle berufen sich auf Gesetze und auf ein Gesetz zum Gesetz und auf eine Verordnung zur Verordnung. Wir ersetzen unser Vertrauen durch Gesetze und Verordnungen. Genauer gesagt ersetzen wir dadurch unsere Berufung zum Vertrauen: nämlich dass jeder es gut meint und zum Gemeinwohl beitragen will.

In skandinavischen Ländern, in den Benelux-Staaten und inzwischen auch in Deutschland gibt es Städte und Ortschaften, welche die Verkehrsregeln komplett abgeschafft haben. Kein Schilderwald mehr. Keine Ampeln. Keine künstliche Trennung des Straßenbereichs in Gehweg, Fahrradweg und Fahrbahn. Keine Vorfahrtsregeln. Und siehe da, es funktioniert. Die Verkehrsteilnehmer müssen vorsichtig fahren, aufeinander achten, sich durch Winken verständigen und vor allem Rücksicht aufeinander nehmen. Die Unfallhäufigkeit nimmt dadurch nicht zu, sondern ab. Schade, dass dieses Beispiel nicht Schule macht. Zurzeit ist eher das Gegenteil der Fall: Wir werden immer gesetzesgläubiger. Zwei Nachbarn, die sich streiten, bemühen das Bürgerliche Gesetzbuch, anstatt den Pfarrer und den Bürgermeister zu bitten, den Streit zu schlichten. Die Jungfrauengeburt ist der Hinweis darauf, dass die Gesellschaft nicht nach Gesetzen funktionieren kann. Wir brauchen eine Bekehrung zur Herzlichkeit. Wir leben davon, dass wir nicht auf Rechte pochen, sondern aus Liebe dem nächsten Vorfahrt gewähren. Wir profitieren davon, dass es nicht zum Zusammenstoß kommt, nur weil wir sagen: »Nein, wir sind im Recht.«

Noch mal zur Marienfrömmigkeit: Wenn ich sage: »Maria zu lieben ist allzeit mein Sinn«, geht in mir die Seele auf, dass ich eine Schwester im Glauben erkenne, die ich lieben kann, weil sie von Gott geliebt ist. Und weil sie dieses Von-Gott-Geliebt-Sein nicht verspielt hat. Und in gleicher Weise kann ich auch auf Menschen zugehen: mit Vertrauen und Hochachtung. Auch wenn mir der Spruch geläufig ist: »Wer noch nie betrogen worden ist, hat noch nie Gutes getan«, sehe ich nicht in jedem Mitmenschen einen Betrüger, der mich um Hilfe bittet. Meine Klugheit besteht nicht darin zu vermeiden, dass ich betrogen werde. Sondern meine Klugheit besteht darin, dass ich versuche, in jedem Augenblick zunächst einmal mit Gnade zu rechnen, mit dem Guten im Menschen. Ich werde immer wieder beschämt, weil mir wirklich einer die 20 Euro zurückgebracht, die ich ihm geliehen habe, obwohl ich heimlich dachte: Das Geld werde ich nie mehr wiedersehen.

Aber neben dem radikalen Neuanfang ist die Marienfrömmigkeit der katholischen Kirche auch noch ein Hinweis auf etwas anderes: Maria steht für die Frage, wie wir mit der Frau umgehen und welches Frauenbild wir haben. Die katholische Kirche hält tatsächlich daran fest, dass Frauen nicht Männer sind und Männer nicht Frauen. So banal sich das anhören mag, aber im Schöpfungsplan haben Männer und Frauen jeweils verschiedene Aufgaben. Das ist vielleicht für manchen ärgerlich. Aber diese Herausforderung sollte man annehmen und nicht einfach darüberbügeln und behaupten, Männer und Frauen seien gleich. Es ist selbstverständlich, dass Männer und Frauen die gleichen Rechte haben und auch die gleichen Pflichten, was die menschlichen Grundwerte angeht. Ebenso klar ist, dass es keine Unterschiede gibt, was die Menschenrechte angeht.

Inzwischen ist aber auch die Emanzipationsbewegung so weit zu erkennen, dass eine Frau nicht dadurch zur Frau wird, dass sie genau das Gleiche schafft wie ein Mann. Und dass eine Frau nicht einfach am »Vorbild Mann« ablesen kann, was sie werden soll. Nehmen wir den umgekehrten Fall. Noch kein Mann ist auf die Idee gekommen zu sagen: »Als Mann fehlt mir, dass ich Kinder zur Welt bringen kann.« Genauso wenig muss eine Frau auf die Idee kommen, die typischen männlichen Errungenschaften für sich zum Ziel zu erklären, wenn sie das nicht will.

Es gibt unterschiedliche Begabungen, die aber alle gleich viel wert sind. Maria steht als gepriesene Frau in der Kirche und zugleich als Ärgernis in der Gesellschaft, weil sie zeigt: Mensch zu sein heißt nicht nur, etwas zu schaffen. Sondern es heißt auch, etwas anzunehmen. Geschaffen zu sein für etwas. Geschaffen für etwas, was Gott in dieser Gesellschaft mit diesem Menschen noch vorhat. Nicht zufällig sind 80 Prozent der Ordensleute in Deutschland Frauen. Nicht zufällig sind die meisten kontemplativen Klöster mit dem Gebet von Nonnen gefüllt. Sich beschenken lassen zu können ist stark. Und an den karitativen Orden kann man auch eine Leistungsgesellschaft ablesen: Es macht stark weiterzuschenken.

Gesellschaftlich müsste man dahin kommen, dass jeder die eigene Berufung findet – und das nicht auf Kosten des anderen. Maria ist der Urtypus eines solchen Menschen. Sie steht dafür, zu ihrem Ja, zu ihrer Berufung gefunden zu haben. Ich habe den Eindruck, dass aktuell in unserer Gesellschaft ein instrumentelles Denken vorherrscht. Wo können wir wen am besten gebrauchen? Der Einzelne mit seiner persönlichen Berufung gerät bei dieser Betrachtungsweise ins Abseits. Indem Maria sagt: »Ich bin die Magd des Herrn«, zeigt sie keine Unterwürfigkeit. Sondern dieser Satz ist ein Demonstrationssatz. Sogar ein Protestsatz. Ein starker Satz, mit dem sich eine Frau gegenüber allen Übergriffigkeiten aus der Männerwelt abgrenzt. Übergriffigkeiten auch in dem Sinne, dass jemand einer Frau vorschreibt, was sie alles werden könne und was sie zu sein habe. »Ich bin die Magd *des Herrn* (und niemandes sonst).« Das ist definitiv ein Protestsatz.

Aktuell sehe ich mit Besorgnis, dass junge Mädchen in unserer Gesellschaft gar nicht mehr zu ihrem Frausein finden. Das liegt daran, dass sie kaum mehr auf vorbildliche Frauen treffen. Eine Frau, die mit Freude sagt: »Ich gestalte die Welt als Frau«, ist selten geworden. Dass Mädchen zu extremen Piercings neigen, dass sie bauchnabelfrei und möglichst erotisch durch die Gegend laufen, erklären die Psychologen damit, dass sie keine Unterstützung bekommen in der Gesellschaft, wirklich zu ihrem Frausein zu finden. Alles ist eingeebnet, die Unterschiede zwischen Männern und Frauen sind verwischt. Auch wenn das zunächst einmal einen Aufschrei in der Emanzipationsbewegung hervorrufen mag: Das Menschsein besteht aus Tun und Lassen. Hier hat zunächst jeder einzelne Mensch zu definieren, was das für ihn persönlich bedeutet. Ich glaube aber, in der Geschlechterverteilung gibt es eine stärkere Befähigung der Frau zu lassen und eine stärkere Befähigung des Mannes zu tun. Selbstverständlich gibt es da Ausnahmen. Dass die Mönche lange Kutten tragen, hat historische Gründe. Heute könnte man daran ablesen: Sie hüllen sich ein. Sie pflegen ihre weibliche Seite. Sie wollen ihr Arbeiten, ihr Zupacken als heilige Handlung verstehen, es heiligen, indem sie sich ihr Empfangenkönnen, diese beim Mann oft brachliegende Seite der Spiritualität, in gewisser Weise immer neu »anziehen«.

Als Mann will ich natürlich vorsichtig sein, über Frauen zu sprechen. Aber ich glaube, dass Frauen als Frauen stark sind und aus ihrer Gelassenheit über den Wert ihres Geschlechtes heraus viel vollbringen können, ohne sich ständig an Männern zu messen. Man denke nur an das typische Bild: eine Mutter, die Stunden mit ihrem Säugling verbringt. Eine Mutter, die monatelang ihr Kind im Schoß trägt und die an dieser Entwicklung gar nichts ändern kann. Sie muss diese Entwicklung zulassen. All diese Dinge weisen doch darauf hin, dass wir in einer Welt zu leben haben, in der sowohl das Tun als auch das Lassen seinen Ort hat. Ich freue mich immer wieder, wenn starke Persönlichkeiten, seien es Frauen oder Männer, sich bei ihren Müttern bedanken, die sie ins Leben begleitet haben. Auch wenn Väter auch wichtig waren dafür: Der eigens ausgesprochene Dank an die Mutter hat mit der kraftvollen Berufung der Frau zu tun, die einen neun Monate unter ihrem Herzen trug.

Die Marienfrömmigkeit der katholischen Kirche hört nicht auf, Maria den Menschen in besonderer Weise vor Augen zu stellen, und zwar Männern wie Frauen. Sie wird Meeresstern genannt. Ein Stern des Meeres, der uns über den Ozean des Lebens führt, uns vor allen Stürmen bewahrt. Die Marienlieder sind voll davon. Dass wir eine Orientierung erhalten und uns nicht durcheinanderbringen lassen durch teuflische Einflüsterungen. Die sind beständig am Werk. Er hat durchaus etwas Teuflisches, der Anspruch: Alle müssen immer das Gleiche tun können, alle Menschen müssen zu allem fähig sein. Jeder muss alles können. Gleichberechtigung in diesem Sinne würde heißen, jeder muss einen irgendwie gedachten Idealzustand erreichen. Maria zeigt uns das Gegenteil, und davon lebt die Marienfrömmigkeit. Maria zeigt, dass eine Innerlichkeit produktiv werden kann, wenn sie sich nicht mehr von Außenbildern leiten lässt, sondern von den Bildern, die Gott uns in die Seele hineingibt.

Es gibt in Würzburg ein schönes Tympanon, eine Steinmetzarbeit über einem Kirchenportal. Es zeigt, wie das Jesuskind vom Himmel heruntergleitet durch einen Schlauch in den Schoß von Maria. Diese sehr kindliche, einfache Darstellung beinhaltet doch im Kern, dass wir unser wahres Menschsein erst finden, wenn wir zur Kontemplation fähig sind, zur Aufnahme des Fremden. Des fremden Gottes. Des fremden Gedankens. Zur Aufnahme auch des fremden Menschen. Wenn wir des uns immer auch fremden Geistes fähig werden. Und nicht andauernd Ausschau halten: Wo ist in der Welt etwas, das ich auch haben muss, das ich auch werden muss, wo ich unbedingt auch gewesen sein muss?

Aus meiner Sicht ist es entwürdigend, wenn man Frauen durch eine Frauenquote in Männerdomänen hineinstellen will, weil man glaubt, das sei nötig. Ich wundere mich, dass die Frauen das mitmachen. Eine Frau kann Bundeskanzlerin werden, wenn sie das Zeug dazu hat. Ich kenne auch einige durchaus emanzipierte Karrierefrauen, die gar keine Lust haben, in den Spitzenetagen der Wirtschaft mitzuspielen. Sie haben keine Lust auf diese Machtspielchen, auf Statusdenken und Hackordnung. Sie würden sich als Frauen dort fehl am Platze fühlen. Sie haben es einfach nicht nötig.

Aber auch für die Männer hat das Marienbild der katholischen Kirche eine gewisse Aussagekraft. Ihnen wird dadurch vor Augen geführt, wie wichtig die alte und fast vergessene Tugend der Ritterlichkeit ist. Ritterlich zu sein heißt, einer Frau durch das eigene Mannsein zum Frausein zu verhelfen. Sie nicht als Konkurrenz zu fürchten und zu bekämpfen. Natürlich kommt es immer auf die Geisteshaltung an, mit der solche ritterlichen Gesten vollzogen werden. Betone ich die Unselbstständigkeit einer Frau, indem ich ihr in den Mantel helfe oder ihr den Stuhl zurechtrücke? Oder drücke ich damit meine Hochachtung vor ihr aus und würdige sie als Frau? Das ist nicht immer leicht zu unterscheiden und eine Frage der inneren Haltung. Es hat etwas damit zu tun, als Mann anzuerkennen, dass eine Frau eben Frau ist. Dem kann sich niemand entziehen. Viele Internetseiten, Medien, Zeitschriften leben davon, Männer da zu packen, wo sie am schwächsten sind, nämlich bei ihren Gefühlen. Männer haben die Aufgabe, ihre Gefühle gerade gegenüber der Frau zu pflegen, diese Tugenden zu entwickeln und sich dabei in eine Form zu bringen. Man könnte sagen: Eine Frau hilft einem Mann, zur Form zu kommen: »Sei stark. Wachse. Seine Stärke stärkt mich.« Während ein Mann einer Frau durch Zutrauen und Zuwendung Geborgenheit und auch Sicherheit gibt: »Stark bist du. Wachse. Deine Stärke stärkt mich.«

Immer wenn man über Männer- und Frauenthemen spricht, habe ich die Befürchtung, dass ich sofort in eine traditionelle Ecke gestellt werde. Natürlich muss man sagen: Jede äußere Zuschreibung von Eigenschaften darf nicht zu einer neuen Unterdrückung führen. Ausnahmen bestätigen die Regel. Ich will nicht ganz neue Gesetze erfinden. Mit Blick auf die Marienfrömmigkeit will ich als Katholik fördern, dass Mann und Frau sind und werden können, was sie vor Gott sind. Für mich ist die Geschlechterbeziehung etwas Lebendiges, aber ganz gewiss kein Geschlechterkampf. Das Wort Kampf gehört nicht in die Beziehung zwischen Mann und Frau hinein. Die Aufgabe ist für jeden Menschen zunächst einmal, die eigene Berufung anzunehmen. Als Mann, als Frau, als Persönlichkeit mit eigenen Begabungen, Talenten, Fähigkeiten und Vorlieben. Genau das lehrt uns Maria.

Jesus Christus –
Gott und Mensch in der Gerechtigkeitswaage

Jesus Christus – dieser Name sagt dem Katholiken schon alles. Während »Jesus« eher den Menschen aus Nazareth bezeichnet, weist »Christus« (der Gesalbte) auf das Gottsein Jesu hin. Papst Benedikt XVI. geht ja als Theologieprofessor in die gegenwärtige Glaubenskrise mit seinem Versuch nachzuweisen, dass Jesus ohne historische Wahrheit nicht als Christus verstanden werden kann. Das ist ein Novum in der Kirchengeschichte. Benedikt sagt sinngemäß: Christus, der Erlöser, würde ohne seine historische Präsenz damals zu einem geistigen Projekt des Verstandes verkommen. Dass der Mann aus Nazareth wahrer Mensch und wahrer Gott war und ist, drückt der zusammengefügte Name Jesus Christus aus. Ein solcher Glaube ist aus religiöser Sicht eine Anmaßung. Was für ein Gottesbild! Es macht Gott sehr, sehr irdisch und den Menschen sehr, sehr göttlich. Die ersten Christen wurden deswegen auch zum Tode verurteilt wegen Gotteslästerung. Auf das schlichte Bekenntnis, Gott selbst sei Mensch geworden, hört man sofort das Gegenargument: »Wisst ihr nicht, wie sündig der Mensch ist? Wieso sollte Gott ausgerechnet ihn erlöst haben?« Den Weg Jesu begreifen wir Katholiken aber tatsächlich als einen Weg durch alles Menschenböse hindurch. Jesus hat sozusagen alle Bösen in der Welt, die waren und die kommen werden, schon mit seinem Kreuzesstab berührt – ich denke an die Kantate von Johann Sebastian Bach »Ich will den Kreuzstab gerne tragen«. Damit hat alles Böse das Potenzial zum Guten erhalten. Darum sind wir Christen auch so hoffnungslos hoffnungsvoll.

Täter des Bösen nennen wir böse. Das vergangene Jahr hat uns Katholiken auch deswegen so weh getan, weil Verantwortliche in der Kirche offensichtlich Täter nicht als böse Täter behandelt haben und auf das verschämte Schweigen – warum zwingen wir als Gesellschaft eigentlich die Opfer zum Schweigen? – der Opfer gesetzt haben. Die sogenannte Missbrauchskrise ist eine Hoffnungskrise: Denn man hat so viel Hoffnung auf ein integres Leben der katholischen Kirche gesetzt, und Hoffnung strebt immer auch irdische Gerechtigkeit als Hoffnungszeichen für die Opfer an. Das Böse beim Namen nennen: Wer könnte das leichter als Christen, die das Böse im Grundsatz schon für besiegt halten? Deswegen können und müssen wir Täter benennen. Wir müssen auch versuchen, gerecht mit ihnen umzugehen. Nach irdischen Maßstäben muss es ein Urteil geben, auch eine Strafe. Im Fall von sexuellem Missbrauch von Kindern und Jugendlichen muss diese Strafe auch heißen dürfen: Entfernung aus dem kirchlichen Dienst. Geistlich gesehen haben jedoch auch Täter eine Chance zu erhalten. Dies bleibt auch wahr, nachdem aufgedeckt wurde, dass im Dienst von Lüge und Vertuschung den Tätern verweigert wurde, zu sich und zu dem Bösen zu finden und dazuzustehen, was sie taten.

Von manchen Opfern und ihren Interessensvertretern wird gesagt: »Ihr kümmert euch viel zu viel um die Täter. Wer kümmert sich eigentlich um die Opfer?« Dieser Vorwurf tut weh. Er ist zu oft berechtigt, auch in der Kirche. Aber gleichzeitig höre ich ihn immer auch mit einer gewissen Zufriedenheit. Denn die Feindesliebe, dieser große Wert des Evangeliums, spiegelt sich in unserer gesellschaftlichen Wirklichkeit wider, wenn wir Täterprogramme auflegen. Für uns sind die Täter nicht Menschen, die wir vernichten oder kaputt machen müssen. Ja, wir dürfen das noch nicht einmal. Die Todesstrafe ist primitiv, wird an Stammtischen verhandelt und in den USA in manchen Staaten vollzogen: ein Verrat an der Würde des Menschen. Täter bleiben Menschen. Nicht der abscheulichste Verbrecher kann sich seines eigenen Wertes berauben. Täter bleiben für uns Menschen, die wir achten und anständig behandeln müssen. Dies folgt zwingend aus dem Glauben, dass Jesus der Christus, der Gesalbte Gottes, Gottes Sohn ist, er, der wahre Mensch: Gott will den Menschen bewohnen, und zwar gleichermaßen den größten Schurken und den tugendhaftesten Menschen. Oder um es mit Jesu Worten zu sagen: »Er lässt seine Sonne aufgehen über Bösen und Guten, und er lässt regnen über Gerechte und Ungerechte.« (Matthäus 5,45)

Für die gesellschaftliche Wirklichkeit impliziert dieses Gottesbild, dass wir lernen müssen, in jedem Menschen ein göttliches Potenzial zu sehen. Auch wenn wir in der katholischen Kirche lange lernen mussten: Gesetzesfrömmigkeit ist uns fremd. Die Taufe ist nicht, wie der deutsche Dichter Heinrich Heine meinte, die Eintrittskarte zur abendländischen Kultur. Sie muss deren Presseausweis sein: Mit ihr stellen wir uns auf einen göttlichen, übergeordneten Standpunkt. Damit werden wir zu Steinen im Getriebe, die im gesellschaftlichen Treiben und Getriebensein auf den Menschen hinweisen. Wir finden uns nicht mit den gesellschaftlichen Umständen ab. Sondern wir stehen zu dieser revolutionären Idee, die da heißt: In jedem Menschen steckt ein göttlicher Funke. Das impliziert aber auch, dass wir jeden Menschen zum Wachstum bringen müssen. Der Kampf für eine flächendeckende Ganztagsschule, die erzieherischen Ansätze der Montessori-Pädagogik, die Internate der Orden – sosehr sie in einzelnen Fällen auch in Verruf geraten sind –, all das entspringt der Idee, dass wir einen Menschen bilden können, der zwar von seinen Eltern kommt, der aber immer auf Gott hin zu erziehen ist. Bildung ist eine Freisetzung der göttlichen Idee, die Gott mit jedem Menschen geschaffen hat.

Aber auch auf die Justiz und unser Gerechtigkeitsempfinden hat unser Bild von Jesus Christus als wahrem Menschen und wahrem Gott Auswirkungen. Wir dürfen nie vergessen, dass der Mensch zuletzt von Gott zur Rechenschaft gezogen wird. Menschliche Gerechtigkeit ist immer nur vorläufig. Darum muss auch ein Kreuz in jedem Gerichtssaal hängen. Das erinnert alle Anwesenden an den Umstand, dass dieser Richter, der da Recht spricht, nur vorläufiges Recht spricht. Und er tut es nicht in Verantwortung gegenüber toten Paragrafen und auch nicht gegenüber dem Justizminister, sondern gegenüber Gott, zumindest gegenüber seinem hoffentlich gebildeten Gewissen, das der katholischen Tradition nach die Stimme Gottes ist. Wäre dem nicht so, könnten wir gleich eine Justizmaschine dahin setzen, die automatisch ihre Urteile fällt. Das ist die Idee, die dem katholischen Menschenbild entspricht: Jedem Menschen, und mag er auch noch so Schlimmes gemacht haben, mit einem barmherzigen Blick zu begegnen und sein Bestes zu suchen.

Aber noch ein weiterer Aspekt erscheint mir in diesem Zusammenhang wichtig – gerade im Hinblick auf unsere Gesellschaft: In der Waage von »wahrer Gott und wahrer Mensch«, in unserem Bekenntnis dazu steckt auch eine gesellschaftliche Einladung, auf die Fähigkeit des Menschen zur Transzendenz zu achten. Daran halten wir Katholiken fest. Darum setzen wir uns auf breiter Basis dafür ein, dass uns die kulturellen Räume erhalten bleiben. Eine Schule, die ihre Schüler nur erzieht, damit sie nachher beim Multiple-Choice-Test die richtigen Kreuzchen setzen, ist in unseren Augen keine Schule. Eine Schule muss die Schüler auch lehren, Musik zu machen, Theater zu spielen, stundenlang ein Buch zu lesen, Gedichte zu rezitieren, Bilder zu malen, ihre Liebe zur Literatur und Kunst zu entdecken und sonstige »sinnlose« Sachen zu tun. Wobei es das Wort »sinnlos« nicht trifft, sondern besser der Begriff »nutzlos« gebraucht wird: Schüler müssen nach katholischem Menschenbild gebildet werden, ohne dabei auf den direkten wirtschaftlichen oder finanziellen Nutzen zu schielen. Wer sie zur Kultur hinführt, öffnet ihr Herz. Und wer mit offenem Herzen in die Welt geht, in welchem Beruf auch immer, wird der Mensch sein, den wir so gern öfter treffen würden in Wirtschaft, Politik und Kirche.

Gott und Mensch in der Waage – Jesus Christus als wahrer Gott und wahrer Mensch: Ich frage mich, ob wir den richtigen, gerechten Freiheitsbegriff haben. Ist es richtig, dass wir alle noch so besinnungslosen Medienübertragungen zulassen? Wollen wir die marktorientierte Mediennutzung fördern durch unregulierte Programmgestaltung? Müsste es nicht so etwas geben wie eine soziale Medienwirtschaft? Aus diesem christlichen Bekenntnis heraus folgt, dass die Gesellschaft sich organisieren muss, damit die transzendente Saite im Menschen nicht verstummt und übertönt wird. Warum nicht stundenweise ein Testbild, anstatt die tausendste Wiederholung hohler Beiträge? Wir drohen vor lauter oberflächlichem Entertainment immer mehr zu verstummen.

Die Zeiten mögen vorbei sein, wo man in der Kneipe um die Ecke oder auf dem Spielplatz den neusten Tratsch austauschte und oft Dampf abließ, bevor man in die Familie ging. Die Gesangsvereine tun sich schwer, Mitglieder zu gewinnen zum Singen und zum frohen Miteinander: »Wo man singt, da lass dich nieder, böse Menschen haben keine Lieder.« Eine solche Volksweisheit bringt auf einem ganz einfachen Niveau zum Ausdruck, was wir Menschen schon längst wissen: Wenn wir zusammen Musik machen, hat das Böse keine Chance. Wenn wir uns erinnern, dass wir das wichtigste Medium sind, das Gott für unsere Mitmenschen geschaffen hat, und schließlich auch sein Medium, bekommt alles andere seine Ordnung, oder besser: Unterordnung. Umso schlimmer ist, dass die Musik und vieles Schöne in der Welt instrumentalisiert wurde von den Bösewichten dieser Welt und auch deswegen einen bedenklichen Leumund hat – doch das ist wieder ein ganz anderes Thema.

Die Pflege der Transzendenz durch Räume der Stille, Bedenkzeiten, Fünf-Minuten-ohne-Internet-Zonen im Betrieb hilft dem Menschen, in der Waage zu bleiben, gerecht zu sein. Wir dürfen nicht nur von finanziellen Interessen gesteuert und rein nutzenorientiert durch die Welt gehen. Interessanterweise haben auch die oberflächlichsten, fast schon eindimensional geschäftstüchtigen Menschen eine tiefe Sehnsucht nach Transzendenz: Ihr (Irr-)Glaube an den Dax und die Entwicklung des Marktes hat sie allerdings mit Blindheit geschlagen. Wir brauchen eine Erziehung bis in die Hörsäle der Betriebswirtschaft und Naturwissenschaft hinein, die diese transzendente Saite im Menschen wahrnimmt. Hier stellt sich beispielsweise auch die Frage nach einer Firmenkultur, die dem Rechnung trägt: Haben die Firmen noch Raum für Kulturelles, beispielsweise für eine Ahnengalerie oder für feierlich begangene Jubiläen, das für die verrinnende Zeit empfänglich macht? Oder für eine Kunstausstellung in der Eingangshalle? Geht das Selbstverständnis eines Unternehmens über das hinaus, was sich Corporate Identity nennt und sich nur noch in Firmenlogo, Firmenschriftzug und Werbeslogan widerspiegelt? Was wird nicht alles getan, um eine solche Corporate Identity zu schaffen, ohne dabei zu berücksichtigen, welcher Reichtum schon in der Firmentradition, den Gründungsgestalten und der Firmengeschichte liegt?

Wahrer Mensch und wahrer Gott heißt auch: Der Mensch rückt in den Mittelpunkt – und damit das Göttliche, das in jedem Menschen steckt. Das ergibt sich aus der Menschwerdung Gottes. Der Weg zu Gott ist der Mensch. Der wahre Gottesdienst ist die Nächstenliebe – auch und gerade da, wo es vielleicht schwerfällt.

3

Glaubensalltag

Rituale und Gebete – was wichtig ist, braucht Form

Rituale schaffen Gemeinschaft. Sie bringen die Dinge in Form, und das in einer Weise, die den Menschen in seinem Innersten anspricht. Auf Rituale lässt man sich aus Liebe ein, selbstverständlich ohne groß darüber nachzudenken. Rituale und einheitliche Gebete wie das »Vaterunser« oder das »Gegrüßet seist Du, Maria« sorgen dafür, uns vom ewigen Grübeln zu befreien, wie man denn »richtig« beten kann. Das Hamsterrad der Gedanken, das sich im Kopf immer weiterdreht, wird durch solche Gebete gemäßigt, angehalten. Und man kann eine Sprosse weiter zu Gott klettern auf der Leiter der Tradition. In kleinen Ritualen des Glaubens, aber auch in Alltagsritualen lässt sich ein Zuhause finden. Es entwickelt sich ein Zusammengehörigkeitsgefühl über das gemeinsame Tun. Es ist daher schade, dass Rituale häufig als überkommen kritisiert werden. Sie können die Pfarrgemeinde oder Familie im Kleinen, aber auch die Kirche im Großen zusammenhalten helfen. Doch nicht nur die Kirche. Auch die Gesellschaft braucht Übereinkünfte, wie sie sich bewahren will, was sie im Innersten an Wert und Würde zusammenhält.

»Was uns am meisten fehlt, ... [ist] das Erlebnis einer selbstverständlichen spirituellen Verbundenheit im Alltag.« Diese Aussage stammt von Andreas Schönfeld, Jesuit und Chefredakteur der Zeitschrift für christliche Spiritualität »Geist und Leben« (Ausgabe

1/2010). Er legt damit den Finger auf eine schmerzende katholische Wunde. Und er führt weiter aus: »Die zunehmende Differenziertheit des Persönlichen und aller Lebensbereiche ist hier [...] ein zusätzliches Problem. Es braucht eine stärkere Integration des Individuellen in das Spirituell-Gemeinsame.«

Dem stimme ich gern zu. Wohin man schaut, brechen gewohnte Formen weg. Bis auf eine kleine Gruppe Neokonservativer in diversen Strömungen gibt es nur wenige überzeugende Antworten, die den suchenden Menschen von heute entgegenkommen. Das Evangelium wird von der gesellschaftsprägenden Mitte ferngehalten, und dies nicht nur von den Kritikern der Kirche. Damit verbunden ist auch ein Niedergang von Riten, die früher im katholischen Glaubensalltag selbstverständlich waren. Wer betet heute schon gerne einen Rosenkranz? Wer zündet zu den Feiertagen Lichter auf den Gräbern seiner Angehörigen an? Welche Gemeinde begeht die Einweihung des neuen Feuerwehrautos dadurch, dass ein Pfarrer dabei den Segen Gottes herabruft? Wer bekreuzigt sich in schwierigen Situationen im Alltag? Das kennen wir nur noch von brasilianischen Fußballspielern vor einem harten Fußballmatch.

Dass hier in Deutschland Rituale durchaus kritisch gesehen werden, ist teilweise auch erklärbar mit den Geschehnissen im Dritten Reich. Auch die Nazis bedienten sich bestimmter Rituale, grüßten sich mit dem Hitlergruß, feierten die hohe Nacht der klaren Sterne (statt Weihnachten) und luden bei Freizeiten der Hitlerjugend zum gemeinsamen Singen am Lagerfeuer ein. Die Rituale der Nazis rissen viele mit, begeisterten sie und trugen dazu bei, diesen kollektiven Wahnsinn überhaupt erst möglich zu machen. Da ist es kein Wunder, dass die Christen in den Nachkriegsjahren ihre Identität vor allem in einem »Nie wieder!« sahen. Sie befanden sich im Aufwind eines demokratiebewegten Zeitgeistes, der sich in immer mehr auch kirchlichen Bereichen Teilhabe und Mitbestimmung erstritt. In diesem Zeitgeist wurden möglichst alle Verbindlichkeitsstrukturen aufgelöst, was gemeinhin als Kennzeichen des Phänomens der Achtundsechziger angesehen wird. Dazu gehörte auch, dass alle bekannten Rituale abgetan wurden, freilich nicht ohne in den eigenen Reihen neue einzuführen – und wenn es nur der gemeinsame Haarlook oder die gemeinsamen Protestrufe waren.

Das ist ja ein Teil des Problems: Rituale entwickeln sich überall, und sie stehen nicht zwangsläufig nur für tiefe Spiritualität, Verbundenheit und Liebe. Auf Rituale jedoch zu verzichten hieße, das Kind mit dem Bade auszuschütten. Wir Menschen müssen uns entscheiden: Wem wollen wir gehorchen? Aus der Kultur unseres Miteinanders wissen wir, dass wir uns einigen müssen auf gemeinsame Riten. Auf gemeinschaftliche Rituale und Zeremonien, mit denen man sich gemeinsam in einheitlicher Sprache und Gestik ausdrückt. Rituale sind eine Erleichterung, denn sie sind eine Selbstverständlichkeit in der Gemeinschaft, die gelebt wird, ohne dass man sich vorher aufwändig darüber abstimmen müsste. Wir brauchen den Sonntag, das ist ein Ritus im Kalender. Wir brauchen die Woche, auch das ist ein Ritus. Der Monat, das Jahr, das sind alles Riten, deren wir uns gar nicht mehr bewusst sind. Das gilt auch für die Feiertage. Wo kämen wir hin, wenn wir dauernd neu darüber diskutieren müssten, wohin wir unsere freien Tage legen sollen? Und wann wir zur Kirche gehen – oder ins Fitness-Studio? Wir haben auch sprachliche Riten, die eine selbstverständliche Verbundenheit zwischen den Menschen ausdrücken: »Wohin gehst du in den Urlaub?«, »Wann hast du Geburtstag?«, »Wie geht's dir?« Das mag noch so oberflächliches Geplänkel sein, aber all das sind rituelle Fragen, ohne die uns etwas fehlen würde.

Die Rituale sind aber in Gefahr. Nicht nur, weil bestimmte Menschen, die sich für freiheitlich denkend halten, sie sehr kritisch sehen. Sie sind auch in Gefahr durch unsere zunehmende Individualisierung in der Gesellschaft. Ein Grund dafür ist das wirtschaftliche Netz, das über alle geworfen wird. Wir werden dazu gedrängt, bis abends um 24 Uhr einkaufen zu müssen. Der Sonntag wird entweiht, auch da muss noch eingekauft werden. Wir machen uns Freizeitstress. Bloß nicht zur Ruhe kommen! Wenn wir diese Riten über Bord werfen, weil uns scheinbar Wichtigeres vor Augen gestellt wird, dann müssen wir aufpassen. Wir müssen uns der Frage stellen: Könnten die Riten, wenn wir uns dazu verpflichten, nicht aus den Verwirrungen dieses Netzes befreien? Nach dem Motto: »Ich gehe am Samstag grundsätzlich nicht nach 14 Uhr einkaufen, denn ich möchte den Sonntag einläuten mit meiner Familie oder mit meinen Freunden.« Wer sich solche und andere Riten »erlaubt«, hat begriffen, wozu sie da sind: Sie sollen die Liebe wahren. Riten schaffen Verständnis und Verständigung und damit eine Ausrichtung auf das Du.

Nehmen wir die belanglose Frage nach dem Wetter, oft gestellt, nie tiefgründig. Sich gemeinsam über den Sonnenschein zu freuen oder das trübe Nieselwetter zu beklagen. Das ist ja ein Kommunikationsritus. Da einfach zu sagen: »Das ist mir zu blöd, ich rede nicht übers Wetter«, würde die Brücke zum anderen abbrechen, der vielleicht diese kleine, einfache Brücke braucht, um überhaupt mit mir ins Gespräch zu kommen. Jeder gemeinschaftliche Ritus ist Ausdruck der Verbundenheit, ist Ausdruck des Wissens darum, dass wir Menschen schwach sind. Dass andere Menschen nur Gemeinschaft finden können, wenn wir uns auch auf die oberflächliche Einhaltung bestimmter Standards einigen. Diese Standards geben uns eine Sicherheit, unter der sich dann das Wunder der Begegnung ereignen kann. Wohlgemerkt ereignen kann, aber nicht muss. Der Mönch, der in seinem Kloster rituell betet, betet auch nicht immer mit ganzem Herzen. Und wer seiner Frau morgens ein Küsschen gibt zum Abschied, bevor er zur Arbeit geht, tut das auch nicht immer mit 127 Schmetterlingen im Bauch. Sondern das ist einfach ein Ritus, auf den man sich verständigt hat.

Genauso brauchen wir einen Ritus, wie das Frühstück gemacht wird. Und dass wir uns einmal in der Woche, immer dienstagabends, Zeit nehmen für ein Gespräch. Wir brauchen solche Vereinbarungen in Form von Riten. Riten sind das beste Heilmittel gegen das Lustprinzip. Wenn wir nur noch dann miteinander reden, wenn wir Lust dazu haben, kommt nichts dabei heraus. Wenn man so will, verstehen sich auch die katholischen, gottesdienstlichen Riten als ein Gerüst, das gebaut wird, damit Gott zum Zuge kommen kann. So bilden Menschen Riten, damit das, was uns wertvoll und wichtig ist, zum Zuge kommen kann. Wir werden nicht ans Gemeinwohl denken, wenn es überhaupt keine Freizeit mehr gibt. Denn erst in der Freizeit kann der Mensch sich entfalten und sich in Richtungen bewegen, bei denen es nicht nur ums Geldverdienen geht.

Persönliche Riten sind ähnlich zu verstehen, die brauchen wir natürlich auch: Sie können hier ruhig einmal ausprobieren: Was ist denn Ihr ganz persönlicher Ritus? Die morgendliche Tasse Milchkaffee? Das Gärtnern? Der Abendspaziergang? Das Lesestündchen bei Kerzenlicht? Da geht es dann um die Begegnung mit sich selbst. Hier darf man ruhig kreativer werden. Mal einen Ritus ausprobieren, ohne sich für alle Ewigkeiten darauf festzulegen. Ist er dann zu einengend, kann er immer noch abgeschafft werden. Zwanghaft sollte es nicht werden.

Das Katholische liebe ich schon deswegen, weil es eine Schule der Riten ist. Eine lange Tradition bietet für jeden etwas. Was haben wir davon, wenn in jeder Erstkommunionvorbereitung den Kindern eine andere schöne Geschichte des geschätzten Sammlers Willy Hoffsümmer erzählt wird, aber nie eingeübt wird, zwei Minuten still zu sein? Oder eine Kniebeuge zu machen, oder miteinander das Kreuzzeichen, Weihwasser zu nehmen oder der Muttergottes eine Blume zu schenken? Als Katholiken sind wir der Gesellschaft schuldig, in frohen Formen die Freiheit zu zelebrieren, die Gott geschenkt hat.

Dann wird auch die Gesellschaft mehr Lust haben, aus dem Eifer der Produktion von immer neuen Logos, Erkennungsmelodien und was es nicht alles gibt, einen Gang herunterzuschalten. Verkommen wir nicht unter diesem Fluch, ganz und echt und dauerkreativ sein zu müssen, täglich neu? Er scheint allgegenwärtig zu sein. Fürchterlich, wie es von allen Seiten quengelt: Du musst jeden Tag etwas Neues machen. Du musst dich jeden Tag neu erfinden. Du darfst nicht dauernd das Alte, Langweilige, Überkommene pflegen. Da mag die katholische Kirche manchen geradezu halsstarrig erscheinen in ihrem Beharren auf uralten Riten und Gebeten. Auf dem Hintergrund eines ermüdenden Übereifers erscheint das Katholische wie eine Vorreiterin in Sachen Freiheit. Einfach mal mit dem zufrieden sein, was sich als Ritus herausgebildet hat. Man muss die eigene Kreativität nicht verpfeffern für Dinge, die längst erfunden sind. Man darf die vorhandenen Strukturen nutzen, um den Kopf frei zu haben für neue Einfälle, die sich einstellen können, aber nicht unbedingt müssen. Fazit: Manches Alte hält jung. Wer aber nur Junges will, wird bald alt aussehen.

Liturgie – ausgelassen Sinn entfalten

Wer von Riten redet, kommt katholisch gedacht wie von selbst zur Liturgie. Aber: Was ist Liturgie? Am besten versteht man darunter eine Vereinbarung der Glaubensgemeinschaft, wie man das Glaubensgeheimnis begehen will. Das Wort Geheimnis deutet es schon an: Was man glaubt, kann man eben nicht nur in Worten ausdrücken, es muss begangen werden, wie sehr Gott da ist – und genau das ist Liturgie. Im katholischen Gottesdienst gelten bestimmte Regeln. In der Eucharistiefeier etwa diese: Es gibt den Einzug, das Schuldbekenntnis, das Kyrie, das Gloria und das Tagesgebet. Dann kommen die Lesung und die Verkündigung der Grundsätze im Evangelium. Anschließend wirft der Priester einen Blick auf das, was man angesichts dieser Grundsätze mal ändern müsste. Das tut er in der Predigt. Daran schließen sich dann das Glaubensbekenntnis und die Fürbitten an. Es folgt ein großer Lobpreis, der ausdrückt, dass für den, der in Gott verwurzelt ist, dank Jesus Christus im Grunde genommen alles in Ordnung ist. Das wird im Hochgebet bei der Messe zu Gott gesprochen.

Die Feier geht weiter mit dem »Vaterunser« und der Kommunion, sie endet mit dem Segen und dem Entlassruf. Und selbstverständlich wird in der katholischen Liturgie auch gesungen, Latein in Deutschland weniger, dafür mehr deutsche Lieder, viele davon aus dem evangelischen Gesangbuch.

Apropos Gesänge: Da ist unsere Gesellschaft am meisten geschädigt. Sie hat keine verbindlichen gemeinsamen Gesänge mehr. Es geht die Mär um, man müsse immer neue Schlager haben, und in der Kirche sei es sowieso langweilig, weil da immer das Gleiche gesungen (und gebetet) würde. Ein Blick etwa auf den Karneval bereitet die Antwort auf dieses Gerede vor. Da steht nämlich Jahr für Jahr ein Pferd auf dem Flur. Und es gibt immer noch kein Bier auf Hawaii. Findet das einer langweilig? Nein. Weil wir da genau spüren: Indem wir das singen, singen wir nicht unbedingt die Inhalte, sondern wir empfinden die Gemeinsamkeit des Festes.

Die Volkslieder jenseits der kommerziellen Musikantenstadl-Fröhlichkeit sind leider aus dem Bewusstsein unseres Volkes geschwunden. Auch das ist größtenteils eine Folge der Nazi-Zeit. Heute hat Volkstümlichkeit den Beigeschmack von Völkischsein und ist out – oder besser: galt als out. Volksliedersender verkünden seit Kurzem, dass ihre Hörerschaft jünger wird. Vielleicht darf Deutschland wieder hoffen, dass junge Menschen unverkrampft gern singen, statt zu grölen – so machen es die einen –, oder sich die Ohren vollwummern zu lassen – so machen es die anderen. Ob das »Ännchen von Tharau« wiederersteht? Nun, die Nationalhymne unverkrampft und gern zu singen – auswendig – wäre ja mal ein erstes Ziel gesellschaftlicher Stil- und Liturgiebildung.

Unsere Gesellschaft darf ruhig von der katholischen Kirche lernen, was Feiern heißt. Man sagt ja nicht umsonst besonders den Katholiken nach, sie wüssten sich etwa im Karneval so richtig auszutoben. Das liegt nicht nur an der Beichte, in der man dann die »Sünden« wieder loswerden kann. Es liegt auch an dem Schatz der katholischen Tradition, sich für andere Rollen zu verkleiden in der Liturgie und dort für eine begrenzte Zeit in die andere Welt – in dem Fall die Himmelswelt – einzutauchen.

Unsere Gesellschaft braucht Zonen, in denen wir zusammenfinden und ausgelassen feiern, dass wir – man zögert beim Schreiben – Deutsche sind. Das lässt sich am leichtesten erreichen durch eine einheitliche Form, das zu begehen. Da spielt durchaus die berühmt-berüchtigte Frage eine Rolle: Darf ich stolz sein, ein Deutscher zu sein? Dürfen wir bei Fußballspielen ungeniert mit dem Deutschlandfähnchen winken? Inzwischen können wir es wieder. Aber trotzdem haben wir da Nachholbedarf, weil wir in diesem Punkt seit der Nazizeit beschädigt sind. Aber wer ist nicht beschädigt? Es hat mit der Identitätsfrage zu tun: Darf ich mich feierlich zu dem bekennen, was ich bin? Und wenn ich das tue, suche ich automatisch weltliche Zeremonien, Liturgien, um meine Zugehörigkeit zu einer bestimmten Gruppe zu demonstrieren.

Liturgiefeiern sind gemeinschaftliche Vollzüge von Freude und Leid. Da schneidet sich die Gesellschaft auch ständig eine Scheibe von der Kirche ab, und sie darf das auch ruhig tun. Alle Arten von Gefallenenehrungen, die Verleihung von Preisen, Ehrenmedaillen und Bundesverdienstkreuzen, die Einweihung von Schulen und Kindergärten, die Vereidigung von Beamten und Ministern, der erste Spatenstich bei bedeutenden Bauwerken, das alles läuft nach liturgischen Gesetzen ab, wie die Kirche sie uns vormacht. Da kann man ruhig aus dem Reichtum der Geschichte schöpfen und in einer festgelegten weltlichen Liturgie die verschiedensten Anlässe fröhlich miteinander feiern.

Man muss allerdings unterscheiden zwischen dem liturgischen Gestus und dem liturgischen Wort. Was die katholische Messe angeht, sind im Grundtonus die liturgischen Gesten gleich, und sie sind durchaus sehr archaisch: Ob nun von zwei Messdienern der Wein zum Altar gebracht wird oder von 24 Messdienern, das ist egal. Auch die Texte, die wir in der Liturgie sprechen, sind Hochtexte. Ich ärgere mich immer, wenn zum Beispiel im Tagesgebet lapidar gesagt wird: »Lieber Gott, du lässt die Sonne scheinen, mach auch, dass uns heute die Sonne scheint.« Die liturgischen Bücher machen eigentlich genaue Vorgaben. So auch beim Tagesgebet, dessen Aufbau immer gleich ist. Eingeführt wird es in der Regel mit der Formel: »Lasset uns beten.« Dann wird Gott angesprochen und für eine seiner Taten oder Eigenschaften besonders gepriesen. An Feiertagen schließt der Priester ins Gebet ein, was gerade gefeiert wird. Daran schließt sich eine Bitte an, die meist mit der festen Formel endet, die beispielsweise lautet: »Darum bitten wir dich durch Christus, unseren Herrn. Amen.« Solche Vorgaben sind sinnvoll. Denn sie sorgen dafür, dass wir nichts vergessen, was uns eigentlich wichtig ist. Wenn man so will, bilden die rituellen Gebete in der Liturgie das Gefäß, das wir mit persönlichen Inhalten füllen. Das Tagesgebet ist in seiner Kunstform etwa zu sehen wie ein Kanal, durch den die persönlichen Anliegen fließen sollen. Ähnlich ist es bei den Fürbitten in der Messfeier, um ein weiteres Beispiel zu nennen. Wenn wir es sprechen, sollte uns klar sein, dass wir Gott zunächst preisen. Und dass wir ihn auf der Grundlage der gepriesenen Tat oder Eigenschaft um seine Hilfe bitten, und zwar für die Welt, in der wir leben, für die Kirche, zu der wir gehören, für die Gemeinde und uns, die wir hier beten, und für die Verstorbenen. So will es der Ritus der Liturgie, so wird der Freiraum umschrieben, in dem sich die Kreativität umfassend entfalten kann.

Auch der Staat könnte sich Riten, nicht-kirchliche Liturgien geben. Wie laufen Abiturfeiern ab? Wie erhält jemand den Personalausweis? Wenn einer stirbt, könnte das Standesamt nicht einen Ritus anbieten? Durch Riten würde die Gesellschaft unterstreichen, dass ihr die Bürger wichtig sind. Wenn wir bei der Einweihung einer Schule gar nicht feiern würden, sondern die Schule einfach in Betrieb nähmen, würde doch etwas Wesentliches fehlen. Auch ein formloses, fröhliches Kinderfest würde dem Anlass nicht ganz gerecht. Da braucht es schon eine Art von Liturgie. Wenn niemand die Anwesenden begrüßt, wenn niemand eine Rede hält, wenn niemand den Eltern, Kindern, dem Rektor, den Lehrern und sonstigen Gästen klarmacht, warum die Einweihung dieser neuen Schule ein so großartiges Ereignis ist, gerät der Sinn und Zweck aus dem Blickfeld und damit in Vergessenheit.

Ein weiteres Beispiel: Wenn ein Richter vereidigt wird, kann eine weltliche Liturgie unterstreichen, wozu er in den Staatsdienst tritt. Das ist ein wichtiges Amt. Wer von Staats wegen für Gerechtigkeit zu sorgen hat, übernimmt mit diesem Amt Würde und Verantwortung. Es ist eine große Aufgabe, den Bürgern in der Gesellschaft zu ihrem Recht zu verhelfen. Und durch Rechtsprechung dafür zu sorgen, dass die Gesetze eingehalten beziehungsweise Gesetzesübertritte geahndet werden. Das ist nicht irgendein Job, bei dem es nur ums Geldverdienen geht. Entsprechend feierlich sollte eine solche Vereidigung begangen werden. Durch die Feierlichkeit wird sich der Betreffende, werden sich aber auch alle anderen Anwesenden überhaupt erst richtig bewusst, wie wichtig dieses Amt ist.

Ich könnte noch unzählige Beispiele für profane Liturgien anführen. Sie umschreiben und feiern, was uns Menschen ausmacht: Freiheit, Würde, Wertorientierung. Weltliche Liturgien machen uns bewusst, was wir eigentlich wollen und warum uns das wichtig ist. Anhand von solchen Feiern vergewissern wir uns, warum wir zur Schule gehen und warum ein Richter Richter ist. Wir brauchen gerade heute auch staatliche und gesellschaftliche Feieranlässe, in denen wir uns klarmachen, wozu wir da sind. Da sind wir in den letzten Jahren ein bisschen nüchtern geworden. Vielleicht sind gewachsene Traditionen zu krass hinterfragt und einfach abgeschafft worden, statt sie anzupassen und zu entfalten. Das Katholische macht der Gesellschaft Mut, sich in festen Riten und ausgelassenen Festen zu feiern. Dort liegt die Kraftquelle für ein gesundes Engagement in allen ihrer Bereiche.

Leben in Fülle – Gott ist lecker

Wenn man eine Barockkirche betritt, springt einem quasi sofort ein pausbäckiger Engel mitten ins Gesicht. In der Barockzeit hatten die Menschen überhaupt keine Hemmungen, das Opulente in die Kirche hineinzubringen und den Reichtum ihres Glaubens mit bunten Bildern und Figuren auszudrücken. Das ist auch gut so: Opulenz ist die Bejahung der Natur, die Bejahung des Körpers, die Bejahung der Schöpfung. Ich habe es immer genossen, wie ausführlich wir Katholiken unsere Liturgien feiern, wie ausführlich wir Mahl halten, wie ausführlich wir Feste feiern, wie ausführlich wir die Sakramente begehen, wie ausführlich wir an Fronleichnam unsere Prozessionen abhalten. Selbst Karneval ist ein Beispiel für diese opulente Lebensfreude der Katholiken – auch wenn das vorwiegend außerhalb der Kirche gefeiert wird und es dabei nicht immer streng katholisch zugeht – wenn Sie verstehen, was ich meine. Trotzdem stellt das Kölner Dreigestirn an einem bestimmten Tag eine Kerze auf, um damit Gottes Segen für den Rosenmontagszug zu erbitten. Und nicht nur in Köln, sondern auch im süddeutschen Raum wird in vielen Städten und Gemeinden eine Narrenmesse gefeiert, zu der alle, Groß und Klein in Verkleidung erscheinen und der Priester eine humorvolle Predigt hält.

Aber bleiben wir einmal bei den kirchlichen Festen: Ein Fest mit allem Drum und Dran zu entfalten will bezeugen, dass wir die Schöpfung als ein Symbol für eine Fülle sehen, die Gott uns schenkt. Ich finde, Gott ist opulent, überfließend, Gott ist Fülle, man kann ihn genießen, er ist süß, sagen die Mystiker, ich sage dazu noch: Er ist lecker.

In der Theologie spricht man vom Reichtum des dreifaltigen Gottes. Einfacher ausgedrückt könnte man auch sagen: Mit Gott ist man nie fertig. Man kann sich an ihm nie – mit Verlaub gesagt – vollfressen. Von einem Gott, der einem eingetrichtert wurde und den man sich nie einverleibt hat, kann man genug haben. Ich hoffe, dass immer mehr Menschen damit Schluss machen. Aber vom wahren Gott kann man empfangen, so viel man will: Man wird seiner nie überdrüssig. Göttlichen Überfluss und katholisches breites Entfalten von Feiern, Kirchen, Kunstwerken, Prozessionen, Liedern – das gehört zusammen. Wer es mit dem Gott Jesu Christi zu tun bekommt, der muss einfach schreiten, tanzen, stehen mit Haltung, sich niederwerfen. So kommt nach außen, was innen glüht.

Ich gebe zu: Wir tun uns in Deutschland schwer damit. Der deutsche Katholizismus liebäugelt da eher mit den Folgen der Reformation: Seitenweises Ablesen kluger Texte, oftmals stotternd von lampenfiebernden Kindern statt geordnetes, freies Spiel eines Festgottesdienstes, in dem jeder mit ganzem Herzen das Seine dazu beiträgt. In Italien oder Afrika sind emotionale Eruptionen im Gottesdienst gefragt. Den deutschen Katholiken ist das eher peinlich. Bei allem Plädoyer für eine ausgelassene Feier: Wir Gläubigen bleiben natürlich mit beiden Beinen auf dem Boden. Aber trotzdem haben wir den Kopf auch schon im Himmel bei den Engeln. Wir fühlen uns bereits jetzt den Engeln und einem vollendeten Sein und Leben zugehörig.

Aus diesem Grund dürfen wir uns erlauben, ausgelassen zu leben. Gemeint sind damit allerdings nicht Völlerei und gar Exzesse. Wir dürfen aber sehr wohl das Leben genießen. Auf diese Weise verkosten wir auch Gott, den Geber des Lebens. Denn als Katholiken glauben wir, dass der Genuss ein Vorzeichen des Himmels ist. Selbstverständlich haben wir die Pflicht, alle an diesem Genuss teilhaben zu lassen. Es geht nicht darum, es uns auf Kosten anderer gut gehen zu lassen. Das hat die katholische Kirche in der Vergangenheit durchaus gemacht, und zwar nicht zu knapp. Wenn alle humanistischen Verbände, die sich mit einem aktiven Atheismus missionierend an die Menschen wenden, so viel Soziales getan haben wie die katholische Kirche, sprechen wir uns wieder.

Festfreude und Genuss dienen nicht dem Ich, sondern dem Du – dem des anderen neben mir und dem Du Gottes. Zwar gibt es Hunger, Kriege, Naturkatastrophen, es gibt vergewaltigte Frauen und misshandelte Kinder. Das ist schlimm, wir müssen uns damit beschäftigen und diese Missstände bekämpfen. Doch machen uns nicht die katholischen Gemeinden in den Krisenzonen dieser Welt das richtige vor? Sie tanzen und beten trotzdem. Ihre Stärke: Gott. Wie bei uns. Und darum dürfen wir diesen Gott auch feiern. Um nach einer leckeren Feierstunde wieder kräftig zuzupacken.

Wenn wir Gott allerdings beim Feiern aus den Augen verlieren, ist das ein Problem. Das typische Beispiel ist Weihnachten. Geht es an Weihnachten nur noch um Konsum und Geschenke, die man später wieder umtauschen kann, wenn sie nicht gefallen, dann ist der Sinn dieses Festes verfehlt. Dann ist das keine Feier mehr. Denn Feiern heißt ja, sich absichtsfrei dem Geheimnis der Gottesgeburt zu überlassen. Und eben nicht wissen zu wollen, welches Geschenk man bekommt. Oder gar eines zu verlangen, was ja ein Widerspruch in sich ist. Auch nicht genau zu planen, was genau da geschehen wird. Ich finde es sehr wichtig, dass wir gerade auch zu diesem Fest den richtigen Begriff davon bekommen, was Feiern wirklich heißt. Feiern heißt nicht – wiederum mit Verlaub gesagt –, die Sau rauszulassen und in Exzessen und im Konsumrausch zu schwelgen. Feiern heißt eigentlich, sich zu freuen am Leben. Feiern hat etwas mit Spielen zu tun, mit Fröhlichsein und Gemeinschaft. Wir dürfen es uns einmal richtig gut gehen lassen, weil wir daraus wieder Kraft für unseren sozialen Einsatz schöpfen.

Ein schönes Beispiel, wie man beides, das Feiern und den sozialen Einsatz, verbinden kann, haben einige Kirchengemeinden gegeben, die Geld für eine neue Orgel sammeln wollten. Wie das eben so ist, wenn eine Orgel gebaut werden soll, die 500.000 Euro kostet, entflammte schnell eine Diskussion: Darf man sich eine solch teure Orgel überhaupt leisten? Oder ist das nicht eine sinnlose Verschwendung von Geldern, die woanders viel dringender gebraucht würden? Eine Orgel ist der Inbegriff von Opulenz: Tausende von Pfeifen, riesig, laut. Kirchenmusik zur Erbauung der Gemeinde. Und das nur wenige Stunden in der Woche. Und dafür ein solches Instrument! Sehr beeindruckt hat mich die Lösung, die sich Gemeinden ausgedacht haben, die sich eine solche Orgel leisten wollten. Ja, man darf eine Orgel bauen. Aber für jeden Euro Spendengeld, der für die Orgel eingenommen wird, wird ein weiterer Euro für ein soziales Werk gespendet. Das finde ich eine gute Idee. Dahinter steht der richtige Grundgedanke: Wir erlauben uns jedes Fest, jede Feierlichkeit und eben auch eine teure Orgel. Sie sind Vorgeschmack auf den opulenten Gott und die Opulenz des himmlischen Reiches. Ohne diesen Vorgeschmack würden wir hier auf der Erde gar nichts zustande bringen. Zugleich aber vergessen wir die nicht, die es ebenfalls verdient haben, an der Opulenz Gottes teilzuhaben. Würden wir dagegen sagen: »Wir können uns erst freuen, wenn alle sich freuen«, müssten wir mit dem Lachen, Feiern und Fröhlichsein noch bis zum Sankt-Nimmerleins-Tag warten. Erst in der Endzeit wird es so kommen, dass alle fröhlich sind. Aber hier auf Erden werden wir immer ein gutes Stück davon entfernt sein. Und trotzdem dürfen wir uns freuen und die Feste feiern, wie sie fallen.

In ähnlicher Weise muss sich die Gesellschaft ihre Oper, ihr Theater, ein Museum leisten. Dort wird ausladend zelebriert, dass zum Menschen mehr gehört als nur Schaffen, Verdienen. Das Katholische in unserer Gesellschaft ist die Freude an den großen Parks, an Hallen und Eingangsbereichen in Rathäusern, aber auch Banken und Versicherungen, gegen die so manche Kirche einem Kiosk gleicht. Nur muss man sich natürlich fragen, ob solche Freiräume wirklich der Erbauung der ganzen Gesellschaft dienen oder nur der Selbstfeier von wenigen. Nebenbei bemerkt: Ist es nicht eine Schande, dass eine Witwe zwar für 30 Euro ins Theater gehen kann, aber für die Trauerfeier für ihren Mann jeden Lebensbaum neben dem Sarg extra bezahlen muss? Ich plädiere schon lange dafür, die Friedhöfe in Deutschland wieder dem Kulturamt zuzuordnen. Sie haben beim Bauhof oder dem Grünflächenamt nichts zu suchen. Und wenn ich schon bei diesem Thema bin: Es gehört zu den Sündenfällen der katholischen Kirche, dass sie sich mit ihren schönen Totenliturgien in die Friedhofshallen abschieben ließ. Mein Plädoyer: Holt die Katholiken wieder in eure Kirchen, wenn ihr Tod und Auferstehung Christi an deren Leichnam feiert. Und haltet, wie könnte es anders sein, in Eurem Gemeindehaus ein opulentes Totenmahl, das nicht die Familie ausrichtet, sondern natürlich die Gemeinde, der der Tote ja auch entrissen wurde.

»Ich bin gekommen, damit sie das Leben haben und es in Fülle haben«, heißt es in der Bibel (Johannes 10,10). Ein Vorgeschmack der göttlichen Fülle ist das ausgelassene Feiern. Von freudloser Selbstkasteiung und verdrießlicher Askese halte ich deshalb nichts. Wobei ich damit nicht sagen will, dass der Verzicht und das Fasten nicht auch einen tieferen Sinn hätten. Dazu gleich mehr im nächsten Abschnitt.

Fasten – Bewusst in Form kommen

Katholiken feiern nicht nur gern und ausgiebig, sie können auch ganz anders. Wir nennen das Fasten. Zum einen gibt es bestimmte Zeiten, in denen wir fasten, so etwa die 40-tägige Fastenzeit, die am Aschermittwoch beginnt und an Ostern endet. Wer nachrechnet und findet, dass die Zahl nicht stimmen kann: Die 40 Tage kommen zusammen, wenn man die Sonntage abzieht, die nicht als Fasttage gelten. Auch die Tage nach Palmsonntag zählen nicht dazu. Es kommt auch eher auf die Symbolzahl an: 40 Jahre zog das Volk Israel durch die Wüste. Jesus fastete 40 Tage. Sie ist die verzehnfachte Zahl der vier Himmelsrichtungen – wenn Sie so wollen, hat das auch etwas von Opulenz. Die Zahl steht für alles, wozu wir an allen Orten der Welt herausgefordert sind: Prüfung, Bewährung, Entscheidung; dafür muss man sich Zeit nehmen, besonders, wenn Neues auf einen zukommt – und so steht die Vierzig auch für die Einführung in einen neuen Lebensabschnitt (Initiation). Da am Ende der persönlichen wie der universalen Welt der Tod wartet, steht die Zahl auch für Tod. Der Ursprung des Vierzig-Tage-Rhythmus lässt sich in Babylonien finden. Dort beobachtete man, dass das Verschwinden des Sternbildes der Plejaden hinter der Sonne mit Regen, Unwetter und Gefahren in Zusammenhang steht. Bei der Wiederkehr der Plejaden wurde als Zeichen der Freude ein Bündel aus 40 Schilfrohren verbrannt. Ähnlich steht die Hauptfastenzeit ab Aschermittwoch in der Erwartung des neuen Lebens: Einst schenkte es Gott in der Auferweckung seines Sohnes, und doch ist diese Auferweckung noch am Werk, und Christen erwarten, dass sie am Ende der Zeiten vollendet wird. Bis dahin muss immer mal wieder richtig gefastet werden, damit man spürt, dass noch etwas fehlt an der Erfüllung aller Verheißungen Gottes.

Übrigens gilt auch die Adventszeit ursprünglich als eine Zeit des Verzichts und der Umkehr. Vierzig Tage vor Weihnachten, am 11.11., begann sie mit einem Feiertag, an dem man gern noch eine fette Gans schlachtete und genoss. Zu Beginn dieser Fastenzeit am Fest des heiligen Martin war auch Zahltag für lohnabhängige Knechte und Mägde, die das entsprechend ausgelassen feierten. Der Beginn der Karnevalssaison an diesem Tag geht darauf zurück.

Auch der Freitag ist dem Katholiken ein Anlass zum Fasten. Im Blick auf den intensiven Liebeseinsatz Jesu am Kreuz bleibt uns der Bissen im Hals stecken. Das »Kirchengebot«, am Freitag ein Opfer zu bringen in Form von Verzicht und besonderer Liebestat, folgt aus dem Blick auf das, was Jesus tat. Schade nur, dass selbst unter Katholiken dieses »Kirchengebot« eher als Zwangsjacke denn als Einladung zum Training der Beziehung zu Jesus gesehen wird.

Schon diese kleinen Hinweise zeigen: Das Katholische prägt viele Zeiteinteilungen unserer Gesellschaft. Im Trubel von Ostermärkten, verkaufsoffenen Frühlingssonntagen und ebensolchen in der Adventszeit – dort auch die sogenannten Weihnachtsmärkte – geht diese sinnvolle Strukturierung der Zeit in satte und magere Tage gänzlich unter. Ein voller Bauch studiert eben nicht gern, wie die Marktmechanismen mit immer neuen Ideen uns an der Nase herumverführen und ins Hamsterrad ziellosen Konsumierens zwängen wollen. Das katholische Fasten beschränkt sich aber nicht unbedingt auf bestimmte Zeiten im Jahr. Der existenzielle Verzicht gehört zum ganzen Glaubensleben. Er betrifft alle Gläubigen. So beispielsweise uns Ordensbrüder. Das Ordensleben wählt, wer so von Gott erfüllt ist, dass er die Werte, die das Leben zu bieten hat, geistlich einordnet und in gewisser Weise hintanstellt. Er willigt sozusagen in eine Fastenzeit ein. Das betrifft nicht nur Enthaltsamkeit in Bezug auf Partnerschaft und Sexualität. Wir Kapuziner fasten auch in anderer Hinsicht. Als Reformbewegung der Franziskaner lassen wir uns besonders herausfordern vom franziskanischen Gebot der Armut. Ein Blick auf den Ursprung unseres Ordens: 1524 flüchteten einige Franziskanerbrüder aus den ziemlich bürgerlich gewordenen Klöstern, wo sie bis dahin gelebt hatten. Sie fanden Unterschlupf bei den Camaldulenserbrüdern, einem Einsiedlerorden. Sie wollten das Evangelium wieder ganz wörtlich vor allem in Sachen Gebet und evangelischer Armut leben. Sie haben in der Einsiedelei Jesus Christus neu lieben gelernt und das Kreuz als die Mitte des Lebens neu erkannt. Sie übten aber auch das völlige Angewiesensein auf andere ein und betätigten sich neu als geistlich motivierte Bettler. In der Begegnung mit Jesus, dem arm gewordenen Gott, wurden sie aus der frommen Kontemplation seiner Fülle hinausgestoßen, ihn in der Welt wieder neu zu suchen – und entdeckten ihn in den Pestkranken. Bis heute bekennen wir Kapuziner uns zu unserer Lebenswahl der gegenseitigen Abhängigkeit, der Abhängigkeit von Wohltätern und der Liebe zu den Armen. Allein schon täglich zu merken, wie sehr ich hinter diesem Anspruch zurückbleibe, ist mir oft schon Fasten genug. Fasten, verstanden als Bereitschaft, nicht müde zu werden für die eigenen Ideale. Und das, was fehlt, nicht zum Anlass zu nehmen, kleinlich zu werden, kleinlaut und enttäuscht zu leben, sondern umso mehr fröhlich auf die vergebende und zum Neuanfang anspornende Liebe Gottes zu vertrauen.

Auch in der Ehe ist ein Gefühl für das Fasten notwendig. Die Eheleute geben ihre Einwilligung, ein Leben lang aus der Liebe zu leben, aus dem Blick für den anderen und dem Verzicht, das eigene Ich an erste Stelle zu setzen. Der Ehemann verzichtet darauf, andere Frauen zu »vernaschen« – wie da geredet wird! –, die Ehefrau verzichtet darauf, sich mit anderen Männern einzulassen. Das große Ja erfordert viele kleine Neins – also: Fasten. Mann und Frau, die sich mit ihrem ganzen Leben einander schenken, behindern sich freiwillig, auszubrechen aus diesem Versprechen. Und wollen in den Spannungen, die allein schon so im Einzelnen entstehen, sich tiefer aufeinander einlassen. Dabei werden sie getragen von der Hoffnung, dass nicht das viele uns dem einen Lebensglück näherbringt, sondern der beziehungsweise die eine uns alles geben kann, was Gott für das persönliche Glück vorgesehen hat. Auf dem Ideal der Familie, die davon selbstverständlich ausgeht, dass sie die beste der Welt ist – so viel Selbstbewusstsein schenkt die Liebe! –, baut unsere Gesellschaft auf. Eigentlich wollen Jugendliche laut Umfrage Treue, Partnerschaft, Kinder. Es fragt sich nur, ob unsere Gesellschaft es zulässt, dass sie mit einer positiven Haltung gegenüber diesen Werten aufwachsen können.

Fasten folgt aus der Freude am Leben. Diese katholische Grundeinstellung erkenne ich wieder auf den frohen Gesichtern der behinderten Mitchristen und ihrer Angehörigen, mit denen ich Wochenenden und Glaubenstage verbringe. Ein sinnvolles Fasten können die spürbaren Einschränkungen werden, die ihnen auferlegt sind. Was behinderte Menschen an Lebensenergie bei sich fördern, erstaunt mich immer neu. Auch Eltern, deren Kind durch einen Unfall entstellt wird, werden – wenn auch unter Schmerzen – ihr ganzes Leben darauf verzichten, ihre Lebensträume von einst zu verwirklichen und sie dem Widerfahrnis ihres Kindes anpassen. Sie widmen sich ganz ihrem Kind, das sie so dringend braucht. Mich erstaunt, wie Eltern darin eine Freiheit erfahren, die sie vorher nicht für möglich gehalten hätten.

Fasten ist immer ein Verzicht auf das, was man eigentlich wählen könnte, sich aber fröhlich versagt. Wir Katholiken behaupten, dass sich in dieser Haltung der Reichtum Gottes und der des Menschen erst richtig entfalten können. Groß im Glauben und bescheiden im Auftragen: Der heilige Pfarrer von Ars fragte in der Kirche einmal einen alten Mann, der ihm aufgefallen war, weil er immer still ganz hinten saß: »Wieso sitzen Sie eigentlich da?« Die Antwort war: »Er ist da, und ich bin da, und das genügt.«

Bescheidenheit ist stark. Das Leben ist kein Wunschkonzert. Fasten bringt das Wünschen in Form. Fasten ist Kulturpflege. Fasten bringt den Menschen groß heraus. Nehmen und Haben, das kann jeder Affe. Lassen und Sein, da fängt das menschliche Leben an. Keine irdischen Güter und Reichtümer, ja noch nicht einmal ein geliebter Mensch kann uns die vollkommene Erfüllung bieten. Nur Gott allein kann ganz erfüllen. Die wahre Liebe lässt die Liebenden Gott für den Himmel zuständig sein; einander lässt die Liebe die Liebenden sagen: Ich verzeihe dir, dass du mir mein Gott nicht sein kannst.

Franziskus von Assisi, dieser friedensstiftende und bescheidene Bruder, unser Ordensgründer, betete zu Gott: »Du bist aller Reichtum zu Genüge.« Mir gefällt die kleine Szene im Markusevangelium, achtes Kapitel, in dem Jesus die Jünger warnte vor dem Sauerteig der Pharisäer. Die hörten jedoch gar nicht zu, weil sie sich Gedanken machten, dass sie nicht genug zu essen bekämen. Jesus erinnerte sie daraufhin an die wunderbare Brotvermehrung, um sie damit mit einem gewissen enttäuschten Unterton zu fragen: Versteht ihr immer noch nicht, dass ich euer Reichtum bin? Und wenn ich euer Reichtum bin, dann braucht ihr euch um euer Essen keine Sorgen zu machen. Ich ergänze: Und auch nicht darum, ob das Auto schön genug, die Liebste erfüllend genug, der Sex am abwechslungsreichsten und der Urlaub am aufregendsten gewesen sind.

Verzicht, also Fasten, will das Herz des Menschen, um den Leib wieder neu in die Beziehung hineinzunehmen, die Gott zu ihm hat. Gott ist uns in der Menschwerdung Jesu auf die Pelle gerückt, mehr noch, unter die Haut gegangen. Sehr, sehr nahegekommen. Darum achten wir den Leib und hassen alle Leibfeindlichkeit. Wir ächten aber die Vergötzung des Leibes und alle Leibeuphorie. Fasten fördert den Geist und macht uns wach für die Welt. Es nicht eine fromme Übung, weg von der Welt, sondern hin zu der Welt: Erdbeeren im Winter einkaufen? Mit Blick auf die Klimabilanz von einem Pfund Erdbeeren aus Israel im Dezember bei uns: Nein danke!

Fasten ist Beziehungstraining. Ich bin zwar nicht verheiratet, aber ich weiß aus Zeugnissen von Eheleuten, dass sie partnerschaftlich verzichten lernen mussten. Wenn sie sich von Zeit zu Zeit sagen:»Sexualität soll jetzt einmal für drei Wochen nicht im Zentrum unserer Beziehung stehen«, kann das ihr Miteinander schöner machen. Das kann entstressen. Hier bin ich naturgemäß nicht der Fachmann. Aber die verheirateten Menschen, mit denen ich spreche, bestätigen das. Man muss sich auch mal Phasen und Zeiten gönnen, in denen man klare Vereinbarungen trifft. Klare Vereinbarungen beispielsweise über einen Verzicht, eine Auszeit, ein Fasten. Ein bisschen fasten, das geht meistens schief. Das katholische Sprechen über Sexualität wird zwar belastet von allerlei Regeln, die manche für ziemlich weltfremd halten. Ähnlich wie man vom Fasten noch weiß, dass das mit irgendeinem weltfremden Verzicht zu tun hat. Wer aber zu den Grundlagen der katholischen Hoffnung für den Menschen vorgedrungen ist, bekommt plötzlich einen ganz anderen Eindruck. Immer geht es darum, sich im Blick auf den Schönsten aller Schönen in Form zu bringen: Gott.

Das hat nicht mit Krampf zu tun. Selbstzüchtigung mag es früher gegeben haben. Aber heute nicht mehr. Die Kirche, die heute für Selbstkasteiungen kritisiert wird, gibt es nicht mehr. Heute gibt es Quälerei von ganz anderer Intensität. Folgte man früher den Anweisungen der Priester, so wird heute den Hohepriestern der Fitness-

Tempel gefolgt, die oft genug mit ärztlichem Empfehlungs-Heili-
genschein winken. In Deutschland quälen sich die Leute in Fitness-
Studios sonntagmorgens wesentlich mehr als in allen mittelalterli-
chen Klöstern zusammen. Auch das Diäthalten ist schlimmer als jede
Selbstzüchtigung und wird von mehr Gurus betrieben, als mittelalter-
liche Märkte an Scharlatanen zu bieten hatten. Katholisches Fasten ist
etwas anderes: Es ist Pflege der Berufung, ein ganzer Mensch zu sein,
mit Körper, Seele und Geist.

Deutschland würde gesünder leben, wenn wir das lebensfrohe Fasten der Katholiken wieder in die Stundenpläne der Bildungseinrich-
tungen schrieben. Dort wird der Ramadan länger erklärt als das Os-
terfasten. Was könnte die Gesellschaft vom katholischen Fasten lernen? Sicher kein Rezept gegen Fettleibigkeit und keine Anleitung zum
Diäthalten. Sondern eher, wie gut es uns allen tut, Entscheidungen
zu treffen, anstatt sich immer alle Optionen offenzuhalten. Und zwar
Entscheidungen, die nicht sofort am nächsten Tag wieder umgewor-
fen werden. Sein Wort zu halten. Treu zu sein. Jede Entscheidung bedeutet, sich die Freiheit der Wahl nicht offenzuhalten, sondern seine Wahlmöglichkeit zu nutzen. Was nützt die schönste Möglichkeit,
wenn sie nicht ergriffen wird? Eine moderne Fastenhaltung bedeutet:
Sich beschränken, sich festlegen und an seinen Plänen festhalten, auch
dann, wenn es unbequem wird. Nicht locker lassen und sich durch
schwierige Zeiten durchbeißen. In der Schule. Bei der Ausbildung. Bei
der Berufswahl. Bei der Partnerwahl. Ein wirklich freier Mensch ist
nicht derjenige, der nach dem Lustprinzip heute dies und morgen jenes anfängt und es nach Belieben wieder sein lässt, wenn es ihn an-
ödet. Oder der sein Fähnlein in den Wind hängt und immer nur das
tut, was andere gerade für besonders angesagt halten. Sondern einer,
der einmal eine Entscheidung trifft und sich dann danach richtet.

Ähnliches gilt auch bei politischen Entscheidungen. Ein guter Politiker ist nicht der, der seine Entscheidungen ständig revidiert, ohne
dass sich die Faktenlage geändert hätte. Sondern einer, der eine gerade

Linie hat. Bei dem die Menschen wissen, für welche Überzeugungen er steht und für welche Werte er sich einsetzt. Ich glaube, ein Teil der Politikverdrossenheit ließe sich durch ein solches gesellschaftliches »Fasten« leicht wieder in brennendes Interesse für politische Belange umkehren.

Gebote und Gnade – mit Regeln wird's ein Spiel

Mit gefällt der Liedvers aus der Pfadfinderbewegung: »Das Leben ist ein Spiel und wer es recht zu spielen weiß, gelangt ans große Ziel.« Der könnte zu einem katholischen Kirchenlied gehören. Wir nehmen die Sachen nicht alle so bierernst. Wir, naja, sagen wir mal: Weltweit wir. In Deutschland ist das anders. Ein Bonmot sagt: »In Rom werden die Gesetze gemacht, und in Deutschland werden sie gehalten.« Jeder, der wirklich im Katholischen verwurzelt ist, weiß allerdings, dass alles sehr vorläufig ist. Auch menschengemachte Regeln.

Hilfreich finde ich hier die Spiritualität des Apostels Paulus. Dieser Urtyp eines Missionars sah es etwa so: Zunächst sind wir in der Gnade. Jesus hat unser Menschsein schon bei Gott ankommen lassen. Wir brauchen uns nicht an Gesetze zu halten. Das klingt verwegen. Darum präzisiert er: Wir fassen eine Regel als Vorsatz auf. Selbstverständlich versuchen wir auch, diesen Vorsatz zu erfüllen. Aber dennoch ist es ein Vorsatz, ein Anspruch. Er ist uns als Aufgabe mitgegeben. Wir wissen nur allzu gut, dass nicht jeder diesem Anspruch gerecht wird. Menschliche Schwächen sind durch die Menschwerdung Gottes geheiligt als Startpunkt für Erlösung: »O glückliche Schuld, welch großen Erlöser hast du gefunden!«, singen wir in der Osternacht. Auch wenn der Satz eine tiefe Theologie besingt – für mich klingt das auch immer wieder mit: Der Mensch ist nie hundertprozentig gut. Und das ist auch gut so. Im katholischen Glauben ist sehr viel Platz. Wir kennen den Rahmen. Was wäre das Bild ohne ihn. Aber darin ist Spielraum. Ein weiter Spielraum.

Das unterscheidet die römisch-katholische Kirche von einer Sekte. Und deswegen irritiert mich auch die innerkirchliche Diskussion. Die beginnt mit der Frage: Sind Sie ein »konservativer« oder »liberaler« Kirchenmensch? Wer mit der weltweiten Kirche denkt, dem ist eine solche Zuordnung herzlich egal. Die christlichen Gemeinden im Nahen Osten etwa oder die Priester, die unter harten Bedingungen in Albanien oder in China ihren Dienst tun, haben andere Probleme. Wer ihren Freuden, ihren Hoffnungen und ihren Schmerzen nahe ist, kann geradezu schockiert darüber sein, wie man in der Kirche in Deutschland bisweilen aufpassen muss, nicht genau zwischen die Fronten der »Konservativen« und der »Liberalen« zu geraten.

Wahrscheinlich bin ich selbst eher konservativ. Obwohl: Ich empfinde mich irgendwie als »normal katholisch«. Und es ist mir unangenehm, zum Bekenntnis für eine »Seite« gedrängt zu werden. Die »Seiten« exkommunizieren sich gegenseitig. Wer bei der einen Veranstaltung der »rechten« redet, wird natürlich nicht bei der »linken« eingeladen. Viele Katholiken haben das Gefühl, dazwischen zu hängen. Man ist zwar im Dialog, aber nur unter sich. Der Dialog muss spielerisch sein, in der Mitte der Kirche stattfinden. Wir müssen uns einfinden im Bekenntnis der Osternacht: dem Bösen zu widersagen. An Gott den Vater, an Jesus, seinen Sohn und an den Heiligen Geist zu glauben, aus dessen Wirken sich die katholische Kirche ergibt. Dies zu fordern, huldigt nicht einem Spiritualismus, ganz nach dem bösen Motto: Klagt ihr noch oder betet ihr schon? Der Verstand ist auch getauft. Fragen dürfen gestellt werden. Kraft und Licht müssen dem Verstand jedoch aus gläubigen Herzen zukommen.

Katholisch bleiben. Gottgeschenkt weit. Gesetz und Gnade, Dogma und Geistrede – das ist möglich in der katholischen Weise. Freilich ist das mit Kreuzschmerzen verbunden: Jesus erlitt sie für uns, mit weit ausgebreiteten Armen. Ich lese, um mal die Lager der römisch-katholischen Kirche in Deutschland durchzugehen, katholisch.de und kath.net, finde bei gloria.tv und Bibel.tv viel Gutes. Die katholische Fernseharbeit der Deutschen Bischofskonferenz mit kirche.tv ist mir lieb, ebenso befürworte ich Radio Horeb, aber auch domradio.de, und ich sehe das eine oder andere auf k-tv. Ich halte es für sinnvoll, dass der Heilige Vater Vertreter anderer Religionen zum Gebet einlädt; in manchen Kreisen macht er sich damit unmöglich. Und wiederverheiratete Geschiedene brauchen einen Platz im sakramentalen Leben der Kirche, meine ich. Ich befürworte, dass der Kardinal von Bangkok, Vorsitzender der vatikanischen Finanzkommission, den Unterricht im Gebrauch von Kondomen gefördert hat. Ich sehe einen tiefen Sinn darin, dass das kirchliche Amt nur Männern verliehen wird. Sie sehen: Zu einem Lager gehöre ich nicht. Bin ich nicht gläubig? Oder zu sehr gläubig, katholisch?

Das Katholische hat eine Spannweite allerorten, folgt gewissermaßen dem Motto: Wer nicht gegen uns ist, ist für uns. Wir kommen aus dem Brunnen der Taufe, wurden eingefügt in seine heilige Kirche und sind nun Gesandte an seiner statt. Ich brauche mit jemandem doch gar nicht in allen Punkten übereinzustimmen, um gemeinsam mit ihm etwas zu bewirken. Muss ich gegen den Islam hetzen, um mich als guter Katholik zu erweisen? Oder ein bekennender Leser der Tagespost sein? Und wenn die Bild-Zeitung eine gute Serie über Heilige startet, warum sollte ich sie ablehnen? Nur weil sie in der Bild-Zeitung steht? Es ist schon zum Mäusemelken, die einen rufen zu hören »Gott ja, Kirche nein«, und von anderen den Eindruck zu haben: »Gott ist egal, Hauptsache, ich erfülle alle kirchlichen Gebote (und manchmal sind es nicht einmal Gebote, sondern Gebräuche), und wehe, jemand macht das nicht zu 150 Prozent.« Es ist manchem Eiferer egal, dass einer das Händchen hat, Menschen den Weg zum Glauben zu erschließen: Wenn er in seinem Sinne nicht »katholisch« genug ist, gehört er nach dessen Gustus verurteilt.

Wir sind katholisch in vielen Facetten, mit verschiedenen Traditionen und Riten, von den Ostkirchen bis hin zu den afrikanischen Tänzen, mit ihren ganz unterschiedlichen Gesichtern und Farben.

Ich habe nichts gegen lateinische Messen. Indianischen oder chinesischen Katholiken muss man den gregorianischen Choral nicht als einzige Ausdrucksform aufzwingen. Klar, die Lehre soll nicht »verwässert« werden. Das ist die eine Verantwortung. Die andere besteht darin, sie in den Ausdrucksmöglichkeiten und Verstehenshorizonten der Kulturen vernehmbar werden zu lassen. Für uns, und für alle, hing Jesus weit ausgespannt am Kreuz. Wir sollen von ihm aus die Welt in den Blick nehmen, ertragen, dass die Antwort ausbleibt, schweigen, schauen, auch: leiden. Ausgespannt zwischen den Polen in der Kirche. Und hineingespannt in das Verhältnis von Gott und Welt. Der Auferstehungsglaube macht weit, und er hält zusammen. Jesus ist an Ostern durch Kreuz und Grab in die Goldene Mitte auferstanden.

Natürlich braucht es Regeln, Vereinbarungen, Überzeugungen, an denen wir als Katholiken nicht rütteln. Petrus, der Apostel, steht für eiserne Grundsätze, für unumstößliche Regeln, für wahre Felsbrocken, auf denen man Häuser und Kirchen bauen kann. Solche petrinisch schwerverdaulichen Schwarzbrot-Regeln sind ebenso nötig wie die paulinisch-leichte Muttermilch. Von petrinischen Regeln fühlen wir uns allerdings oft überfordert. Wir stehen davor und sagen: Das kann kein Mensch! Nötig sind sie trotzdem.

Die römisch-katholische Kirche wird da ganz widerständig aus der Sicht der »Welt«, weil sie die Statthalterin der unsichtbaren, universalen katholischen Kirche ist, zu der alle Christen, alle Menschen gehören. Sie ist strukturiertes Gottesvolk als sakramentale Anzeigerin der großen geistlichen Gemeinschaft aller Getauften, ja, aller Menschen, die Gott zusammenfügen will über alle Grenzen der Länder und Völker hinweg. Diese Statthalterin auf Erden macht sich sichtbar durch klare Regeln. Wer ein Zelt bauen will, muss ein paar Pflöcke in den Boden hauen. Die katholische Kirche will mit ihren Regeln sicherstellen, dass wir die Herausforderungen des Evangeliums überhaupt noch hören und natürlich bestmöglich erfüllen. Dass sie dazu Regeln aufstellt, die sie aus dem Evangelium folgert, gestatte ich ihr gerne, und ich freue mich darüber. Die sogenannten katholischen Positionen finde ich wichtig, ich vertrete sie gern. Und dann geht die Diskussion erst richtig los.

Gleichzeitig weiß ich aber auch, dass Glauben und christliches Leben trotz aller Ansprüche in Dogmatik und Moral kein Hochleistungssport sind. Wir sind keine Firma mit einer Corporate Identity, nach der sich alle zu richten haben. Wüssten wir nicht, dass Regeln immer wieder übertreten werden, könnten wir unsere Beichtstühle abschaffen. Wir sind eine christliche Gemeinschaft, die am Tropf des Himmels hängt. Wir wissen daher: Es gibt doch einen Schritt mehr. Und dieser Schritt heißt Gnade. Ich habe als Ordensbruder sehr lange gebraucht, um mich mit meiner eigenen Unvollkommenheit abzufinden. Bis ich begriffen habe, dass sie Teil des Spiels ist. Das hört sich jetzt sehr oberflächlich an, aber das ist es nicht. Es ist ein heiliges Spiel, zwischen Anspruch und der Armut der Verwirklichung nicht einen garstigen Graben zu sehen, sondern heiligen Boden. Ein heiliger Ernst ist unser katholisches Leben – aber kein Bierernst. Und schon gar keine Verkrampfung.

Das Evangelium der Gnade – so paradox sich das anhören mag – wird am besten, so sagen wir Katholiken, verkündet durch die katholischen Positionen, die manchen Menschen gnadenlos erscheinen. Die Regeln selbst stelle ich nicht in Frage. Und ich würde gern zuhören, mit welchen Gründen aus dem Evangelium diese Regeln in Frage gestellt werden: Eheliche Treue bis zum Tod; den Mitmenschen nicht als Lustobjekt missbrauchen; einen alten Menschen nicht töten dürfen, und auch keinen, der noch im Mutterschoß ist, und so weiter. Aber natürlich wissen wir als Katholiken, dass wir unter uns Mit-»Spieler« haben, die sich an manche Regeln nicht halten können. Aber soll man beim Hochsprung die Latte nur so hoch legen, dass alle darüberspringen können?

Bei all den feierlichen Zeremonien, die so sinnfällig zeigen, was beim Zusammenspiel Regel und Freiheit herauskommt, muss man kritisch feststellen: Die katholische Kirche erweckt den Eindruck von Perfektion. Als sei sie eine Gemeinschaft von Leuten, zu der man nur gehören kann, wenn man selbst von Sünden rein ist und sich hundertprozentig an die Regeln hält. Das ist aber ein Missverständnis. Unsere Feiern sind perfekt, weil sie die Hoffnung auf die Gnade feiern, die allen Menschen zuteil werden soll. Wir haben in der Taufe und in der Beichte Sakramente, in denen sich derjenige, der in der Kirche lebendig mitleben will, zu einer neuen Existenz hin bekennen und nach der Taufe weiter Schritt für Schritt dazu reifen kann. Es klingt immer noch eine Art von alter Erziehung nach, die viele Katholiken erfahren haben als das Einbimsen von Regeln als eine Art Vorbedingung: Zum Beispiel: Erst, wenn du gebeichtet hast, kannst du Eucharistie mitfeiern. Ich begreife dies als Regel, dass man würdig die Kommunion empfangen soll, jedoch auch so, dass mir der Empfang der Kommunion, die Begegnung mit Jesus, klar macht, dass er mich mal persönlich sprechen will – in der Beichte. Die Beichte zeigt den Weg zur Kommunion – aber die Kommunion ebnet ebenso auch den Weg zur Beichte. Die sakramentalen Angebote sind eher Verlockungen zu einer Liebesbegegnung. Dazu kann und darf niemand verpflichtet werden. Wer sie aber erkennt – und die Katholiken haben sie erkannt oder sollten sie zumindest erkannt haben –, verpflichtet sich gern.

Die innerkirchlichen Regelungen sind durchaus vergleichbar mit den Regeln in einer Familie: Wer zweimal verschlafen hat, muss beim nächsten Mal das Frühstück für alle machen. Aber je weniger Menschen mit und in der katholischen Kirche leben, desto mehr werden ihre Regeln und Gebote als unverständlich, unnötig hart und autoritär empfunden. Dann vermitteln schmerzhafte Regelungen den Eindruck, bei uns Katholiken würden nur die ganz Reinen und Heiligen akzeptiert.

Beispielsweise drängt sich hier zwangsläufig die Frage auf: Was ist mit wiederverheirateten Geschiedenen? Was ist mit Menschen, die homosexuell sind und in einer gleichgeschlechtlichen Partnerschaft leben? Deren Verhalten wird dann schnell als unwürdig eingestuft. Da hat es die katholische Kirche durchaus noch nötig nachzudenken. Ist es wirklich richtig, diese Menschen ins Abseits zu stellen? Durch solche kategorischen Entscheidungen über Lebensformen, die Menschen ja nicht wählen, um sich von Gott abzuwenden, wird die Botschaft verdunkelt, die wir vor uns hertragen: dass jeder berufen ist, im Licht des Evangeliums sein Leben zu erneuern. Dass Umkehr und Neubeginn möglich sind.

Ob wir als kirchliche Gemeinschaft wirklich ganz genau wissen, wen wir ins Töpfchen tun dürfen und wer ins Kröpfchen gehört, sei dahingestellt. Auffällig ist, dass die Regeln für einen Ausschluss vor allem den Bereich der Sexualität betreffen. Ich habe noch nie gehört, dass jemand ausgeschlossen wird, weil er mit Waffen handelt. Oder weil er eine quälende Tiermast betreibt. Die Kritik an die Verengung moralischen Redens ist berechtigt. Wir müssten da kreativer werden und die ganze Liste der Gebote durchgehen, um deutlich zu machen: Es darf nicht sein, dass jemand sein Geld verdient mit dem erbärmlichen Abschlachten von Tieren, einem Verhalten, das der Würde der Tiere nicht gerecht wird. Zu solchen Menschen müssten wir sagen: Solange du das tust, kannst du nicht zu den Sakramenten gehen. Wenn du aber dein Verhalten bereust, es änderst und einsiehst, dass das nicht geht, dann bist du wieder herzlich willkommen.

Wer Jesus wirklich ernst nimmt, der wird mit der Kirche auch bestimmte Erziehungsmittel gutheißen. Sie vermitteln uns Gläubigen, dass wir ernst nehmen, was wir glauben. Wenn es keine Sanktionen mehr gibt, dann nehmen wir uns am Ende selbst nicht mehr ernst. Wenn alles egal ist, wenn alles gleichermaßen gültig ist, dann sind wir bald Opfer einer großen Gleichgültigkeit. Darum finde ich es richtig, dass es Kirchenstrafen gibt. Das Gleiche kommt praktisch in jeder Familie vor. Und auch jeder Verein hat das. Wenn jemand beim Jugendtraining des Fußballvereins in zwei Monaten dreimal gefehlt hat, dann wird er nicht aufgestellt, fertig! Wer allerdings diese Strafen wie festlegt, darüber müssen wir als Kirche reden. Und ich habe den Eindruck, als Gesellschaft täte uns die Frage auch gut, wann wir wem mit welchen Sanktionen mal ein wenig vors Schienbein treten. Nicht nur, wenn er im Halteverbot steht.

Auch bei der Kommunion- und Firmvorbereitung gibt es heftige Debatten um die Voraussetzungen, die die Kinder und Jugendlichen zu erfüllen haben. Darf man sie zwingen, in den Kommunionunterricht oder zur Firmvorbereitung zu gehen? Darf man sie dazu verpflichten, vorher den Gottesdienst zu besuchen? Wir trauen uns kaum noch zu sagen: Pass auf, Freund, wenn du wirklich zur Kommunion gehen oder dich firmen lassen willst, dann hast du bestimmte Bedingungen zu erfüllen! Dass diese Bedingungen ihren Sinn haben, wird nur demjenigen verständlich, der kapiert hat, dass es uns um ein inneres Anliegen geht. Solche Regeln stehen sehr formal da, wenn sie denen abverlangt werden, die innerlich gar keinen Zugang haben zu dem, was sie wollen. Das ist das Problem. Ein Jugendlicher, der sich auf die Firmung vorbereitet, weiß in 80 Prozent der Fälle gar nicht, warum er sich firmen lassen sollte.

Und nicht nur die Firmgruppen sind ein gutes Beispiel dafür, wie wir in der Kirche noch danach suchen, spielerische Glaubensfreiheit und Regel zusammen zu bringen, ohne die keine Gemeinschaft leben kann. Es fehlt an einer fröhlichen Sinnstiftung für die katholische Katechese. Die Bildung der Christen in Glaubensfragen kommt mancherorts eher als Krampf rüber. Es ist schmerzhaft für diejenigen, die diese Katechese durchführen, und auch für diejenigen, die in ihren »Genuss« kommen. Die Folge sind genervte Katecheten bei der Firmvorbereitung, und noch mehr genervte Firmlinge bei der Firmung: Sie sind froh, wenn sie anschließend nichts mehr mit der Kirche zu tun haben.

Wenn ich das richtig sehe, rätseln wir im Moment daran herum, wie wir das verändern können. Es wäre gut, wenn wir in der Katechese vermitteln würden: Die Kirche ist ein Gnadenort, es geht um Freiheit, Innerlichkeit, um eine leichte Lebensart, die dem Himmel mehr traut als der Erde. Um diese Gnade zu leben, braucht es den Rahmen, der anzeigt, dass es gleichzeitig ernst zugeht. Die Kirche ist ein Ort der Freude, aber es gibt dort Regeln. Wie beim Fußball. Fußball ist nur schön, wenn es Regeln gibt. Und wenn es bei Regelverstößen Sanktionen gibt. Wenn es einen gibt, der einen nach einem schweren Foul vom Platz stellen kann. Wobei klar ist: Wer vom Platz gestellt wird, der ist nicht für alle Ewigkeit verdammt. Er kann zurückkehren, wenn er seine Buße abgeleistet hat. Ein solcher Sportsgeist herrscht auch in der Kirche. Da die Zeiten sich ändern, diskutieren wir, ob Gewohnheiten im Urteil noch dem Geist des Evangeliums entsprechen. Und das ist auch gut so.

Dieser Sportsgeist, dieses Bekenntnis zu Spielregeln, brauchen wir auch in der Gesellschaft. Ich glaube, gerade die Gesellschaft, in der wir jetzt leben, muss sich darüber klarwerden, ob sie überhaupt Regeln will. In Deutschland und der ganzen westlichen Welt haben wir eine Einstellung von Freiheit entwickelt, die letztlich sagt: Tu, wozu du Lust hast! Mach, was du willst! Viele glauben, die Aufgabe der Gesellschaft sei es, diesen ganzen Lustmolchen irgendwo einen Lebensraum zu schaffen. Dass jeder seine Spinnereien ausleben kann. Das sei Freiheit. Das ist aber ein Irrtum. Die Gesellschaft muss für sich klar und deutlich definieren, was sie will. Sie muss sich auf Regeln verständigen. Damit nicht nur einige wenige ihre individuelle Freiheit auf Kosten aller anderen leben können.

Ich lebe in der Großstadt Frankfurt. Hier gibt es einige Leute, die glauben, sie könnten ihren ganzen Dreck einfach hinter sich fallen lassen. Keiner beobachtet sie, sie fühlen sich frei. Sie denken nicht daran, dass irgendjemand ihren Dreck wieder wegräumen wird, und sei es die Straßenreinigung – die von den Bürgern finanziert werden muss. Auch wenn es als spießig verschrien ist: Seinen Dreck wegzuräumen hat noch keinem geschadet. Wer zu uns in Deutschland gehören will mit allen Rechten, muss auch alle Pflichten übernehmen, und sei es die Pflicht zu einer Lebensart, die die Mitbürger vor Verschmutzung bewahrt. Ja, es geht um Regeln, die für alle zu gelten haben. Etwa, dass wir uns nicht gegenseitig ausnutzen wollen. Dass wir fair miteinander umgehen. Gesellschaft wie Wirtschaft leben davon. Weder eine Nachbarschaft noch der Wirtschaftsverkehr können sich entfalten, wenn sich alle an 1.500 Paragrafen halten. Es gibt wenige Grundregeln, deren Überschreiten geahndet werden muss. Sie passen vielleicht nicht auf einen Bierdeckel, aber auf zwei Steintafeln haben sie gepasst: Die zehn Gebote. Mehr braucht es doch nicht.

O.k., so ganz reichen sie nicht. Sie müssen entfaltet werden. Bewahrung der Schöpfung beispielsweise. Das steht noch nicht direkt in den zehn Geboten. Wir dürfen die Natur und unsere Lebensgrundlage nicht kaputtmachen. Oder die Achtung der Menschenwürde. Jeder ist zu akzeptieren. Wir dürfen einander keine Gewalt antun. Wir müssen die Schwächsten in unserer Gemeinschaft unterstützen. Oder der Aufbau der Gesellschaft: Wir sind keine Gemeinschaft von Ego-Schweinen. Sondern eine Gesellschaft, in der wir uns aufeinander verlassen können und müssen.

Gleichzeitig dürfen wir solche Regeln nicht begreifen als eine Art kommunistische, von außen an den Menschen herangetragene Auflistung von Dingen, die man jeden Morgen parademäßig abfragt. Es geht nicht um die Überfrachtung der Gesellschaft mit Regularien und Paragrafen. Sondern es geht um einige grundsätzliche Regeln. Jeder kann diese Regeln in seinem Innern finden. Sie sind klar und logisch. Sie dienen dem Gemeinwohl. Die ganze Gesellschaft wie man selbst profitiert davon.

4

Befreiung, Erlösung und Dank

Eucharistie – im Grundsatz dankbar, im Handeln opferbereit

Das Wort »Eucharistie« kommt aus der griechischen Sprache, der Hauptsprache des frühen Christentums. Es bedeutet Danksagung. Der Begriff wird zweifach verwendet.

Zunächst einmal ist Eucharistie die Feier, in der katholische Christen danksagen für die Erlösung durch Jesus. In der Eucharistiefeier gibt es ein zentrales Gebet dafür, das sogenannte Hochgebet. Mittlerweile höre ich dieses Wort so, wie es gemeint ist, ähnlich wie eine Hochzeit: Es ist das zentrale Gebet, in dem alles zusammengefasst ist, was den katholischen Glauben ausmacht. Wird es gebetet, bringt sich die Kirche in der versammelten Gemeinde auf den Punkt ihres Ursprungs und ihrer Zukunft. Mittendrin singt sie deswegen auch: »Deinen Tod, o Herr, verkünden wir, und deine Auferstehung preisen wir, bis du kommst in Herrlichkeit.« Das Hochgebet ist wie die Hochzeit ein Vermählungsakt. Gleichzeitig ist es auch der Vollzug des Bundes Christi mit seiner Kirche. In der Kommunion dringt Jesus durch das Sakrament der Eucharistie in die Gläubigen aufs Neue ein: Die spirituelle Vereinigung mit dem Urbild aller Menschen findet statt, das Gott aus dem Kreuzestod gerettet hat.

Ich will das an dieser Stelle nicht weiter ausführen, sondern nur festhalten: Die Eucharistie feiert, dass Gott etwas tut. Etwas getan hat. Und wir antworten ihm darauf. Die Sonntagspflicht ähnelt der Pflicht von Braut und Bräutigam, einander zu küssen, nachdem beide das Ja-Wort ausgetauscht haben. Sehen die beiden das nur als Pflicht, hat die Beziehung schon einen Knacks.

Der Begriff Eucharistie beschreibt aber auch die Grundhaltung des Katholischen, aus der heraus gefeiert wird: Dankbarkeit. Der Priester fordert zu Beginn des Hochgebetes die Gemeinde auf: »Lasst uns danken dem Herrn, unserm Gott!«, und die Katholiken antworten: »Das ist würdig und recht.« Aus Dankbarkeit tun sie, was Jesus getan hat: Sie versammeln sich. Sie danken Gott dem Vater für den Tod und die Auferstehung Jesu. Sie brechen Brot und essen davon. Sie erheben den Kelch mit Wein und trinken daraus. Und sie lassen Jesus sagen: »Das bin ich für euch.« Diese Gaben, in denen Jesus persönlich gegenwärtig wird, heißen deswegen wie die Feier – Eucharistie. Lange Jahre sagte man: Ich empfange in der heiligen Messe die Kommunion. Heute sollte jeder Katholik lieber sagen: Ich empfange in der Feier der Danksagung das Sakrament des Leibes und Blutes Christi, oder kurz: Ich empfange in der Eucharistiefeier die Eucharistie. Ich übe mich ein in die Haltung der Dankbarkeit als Grundmelodie meiner Existenz.

Eucharistie, das ist ein Wort, das unter den Katholiken geläufig werden musste. Manche jungen Leute kennen gar kein anderes Wort mehr. Die Eucharistiefeier, die heilige Messe, ist eine Danksagungsfeier. Das Wort »Messe« kommt übrigens vom letzten Satz der Eucharistiefeier, im Lateinischen: »Ite, missa est!«, was übersetzt so viel heißt wie: Geht, ihr seid gesandt! Aus dem Dank folgt die Sendung: Wer dankbar ist, der muss davon reden. Muss andere begeistern. Er muss es – mit dem Muss der Liebe, die er erfahren hat.

Allerdings gibt es hier innerkirchlich auch ein gewisses Problem. Denn viele Menschen gehen zur Messe, weil sie dort irgendetwas erwarten. Wer geht schon zum Danken in die Kirche? Es gibt eine weitverbreitete Haltung: Man geht hauptsächlich dann zur Messe, wenn man etwas auf dem Herzen hat und Gott um Beistand bitten will. Man geht mit einer Bitt- und weniger mit einer Dankeshaltung in die Messe. Das ist natürlich teilweise ein hausgemachtes Problem. Die Katechese, der Glaubensunterricht, hat hier einiges versäumt: Wir sind in diese Haltung des Dankens viel zu wenig hineinerzogen worden. Der sonntägliche Kirchenbesuch wurde vielen als Pflicht nahegebracht. Und ihnen wurde mit Sündenstrafe gedroht. Diese Pflicht wurde wahrgenommen als von einer Autorität erlassen, die andere klein halten will. Dass die Pflicht erwächst aus dem Geschenk der Erlösung, wissen nur die wenigsten. Der Grund liegt darin, dass der Glaubenssatz von der Erlösung der Welt durch Jesus Christus so vermittelt wurde durch begeisternde Zeugen dieses Glaubens.

Den Gedanken an die Pflicht kennen die meisten Katholiken gut: Die Eltern bestanden darauf, am Sonntag in die Messe zu gehen. Zur Begründung hieß es dann lapidar: Weil man das als guter Katholik so macht. Punkt. Den Begründungszusammenhang konnten sie nicht deutlich machen. Zu wenig wurde den Menschen die Dankbarkeit als Grund für den Gottesdienstbesuch erschlossen. Das merke ich auch in der Begegnung mit den Eltern von heute. Als Folgegeneration der stockkatholischen Altvorderen grenzt sie sich ab gegenüber einer Erziehung, die auf Pflichten pocht. Viele dieser katholischen Eltern stehen jetzt hilflos ihren jugendlichen Kindern gegenüber. Was sollen sie ihnen sagen? Ihnen zu sagen: Es ist Pflicht, in den Gottesdienst zu gehen, erscheint ihnen mit Recht als nicht sinnvoll. Sie müssten zunächst einmal selbst dahin kommen, die Schönheit und Tiefe des christlichen Glaubens auszuloten. Das Wort Eucharistie lebt davon, dass wir aus einer Haltung der Dankbarkeit heraus unseren Glauben im Gottesdienst feiern wollen.

Schön wäre, in den sonntäglichen Versammlungen in der Kirche würde einer daran erinnern und sagen: Leute, lasst uns jetzt mal fünf Minuten überlegen: Wofür sind wir eigentlich dankbar? Dieser Dank darf sich nicht beschränken auf das schöne Grundstück und das gute Gespräch. Sondern er betrifft vor allem die Tatsache, dass wir von unseren Sünden erlöst sind. Jesus trägt unsere Schuld, damit wir frei sind für neue Schritte. Seine Auferstehung erwirkte für uns: Wir können nicht mehr sterben. Diese traditionellen Formulierungen aus der Eucharistiefeier müssen wieder ganz neu mit Leben gefüllt werden.

Ich würde das so übersetzen: Gott hat uns einen Bezugspunkt gegeben, ein Brot, das man essen muss, einen lebendigen Jesus, der sich uns heute darin anbietet. Einen Jesus, dessen Fülle des Menschseins und Gottseins man aufnehmen muss. Das ist eine Vorgabe des Himmels, ein Maßstab für die Entfaltung der menschlichen Kräfte, in jeder Hinsicht. Zu Jesus Christus kommt man, ohne von ihm niedergemacht zu werden. Er übernimmt unsere Fragen. Ihm können wir sagen: Auch wenn wir es gerade nicht wissen – du bist bei uns. Wie schön, dass du uns einen Weg in die Zukunft weist! Das Wagnis zum Du, das wir eingehen dürfen, weil Gott zu uns das Du gesprochen hat. Das alles wird in der Eucharistie gefeiert, wo wir auf die Einladung »Lasset uns danken dem Herrn, unserem Gott« mit Glaubensfreude antworten: »Das ist würdig und recht!«

Das heißt nicht, dass wir die Liturgie der Eucharistiefeier an unsere heutige Ausdrucksweise anpassen müssten. Wir müssten aber vor Beginn der Liturgie eine halbe Stunde Katechese setzen. Katechese – das ist die gute alte Christenlehre von früher. Ich glaube, es wäre ein Weg in der Suche nach mehr Freude, wenn vor Beginn der Liturgie eine Erklärung der Liturgie stehen würde. Vor einem Aschermittwochsgottesdienst könnte man durchaus einmal eine halbe Stunde Vortrag halten oder eine Art Unterricht: Worauf bereiten wir uns gerade vor? Die Messbesucher könnten dann die Messe erfahren wie eine Hochzeit. Das Nachdenken kommt vorher, die Feier ist etwas anderes. Das Brautpaar kann sich nicht während jeder Hochzeit überlegen: Lieben wir uns überhaupt? Und ist das wirklich richtig, was wir da tun? Und wie kam es eigentlich dazu? Sondern in der Feier der Hochzeit wird das einfach gefeiert, und jeder weiß, worum es dabei geht.

Leider ist die katholische Kirche in Deutschland eine sehr katechese-schwache Kirche. Die Erwachsenenkatechese spielt kaum eine Rolle darin. Um mal ein Beispiel zu nennen: Ein Pfarrgemeinderatsmitglied sieht es nicht als seine vorrangige Aufgabe an, dafür zu sorgen, dass in der Gemeinde eine gute Katechese stattfindet. Und dass er auch selbst von einer guten Katechese profitiert. Niemand kommt auf die Idee, sich zu fragen: Wie könnte man für nächstes Jahr in der Fastenzeit mal acht katechetische Abende organisieren, zu denen wir Katecheten etwa aus der Nachbargemeinde bitten, uns in die Geheimnisse des Glaubens einzuweihen? Dabei heißt Katechet nicht Theologieprofessor. Sondern Katechet kann eine gotterfahrene Frau oder ein gotterfahrener Mann aus dem eigenen Dekanat sein. Ein solcher Mensch könnte problemlos sechs Abende halten – beispielsweise über Maria, über die Eucharistie, über die Beichte oder über andere Themen. Aber das alles ist unter den Katholiken nicht üblich. Wird das angeboten, heißt es: »Das ist Kinderkram.«

Eucharistie feiern wir, um dankzusagen, und weniger, um unsere Bitten vor Gott zu bringen. Das ist zumindest nicht die Grundhaltung, aus der heraus die Eucharistie begangen werden soll. Die Gesellschaft kann von dieser Grundhaltung etwas lernen. Es wird ihr dabei so leicht – oder besser: so schwer – gehen wie den Gläubigen in der Kirche. Die deutsche Gesellschaft hat allen Grund zur Dankbarkeit. Zum Beispiel unser Grundgesetz. Es lebt aus der Erfahrung dessen, was religiös gesprochen Gnade heißt. Die Amerikaner haben uns in Deutschland begnadet. Sie haben gesagt: »Fangt neu an!« Die erste Generation nach dem Weltkrieg hat das durchaus so erfahren: Wir durften neu beginnen. Diese Erfahrung, dass wir neu anfangen durften, dass es einen Marshall-Plan gab und allerlei Hilfe beim Aufbau einer demokratischen Gesellschaft, ist wichtig. Das sind Dinge, auf die wir dankbar zurückschauen dürfen. Und die wir fast schon vergessen haben. Die jüngere Generation weiß das schon gar nicht mehr. Sie glaubt, dass die Demokratie ein Recht ist, das man einfach so hat. Der Staat ist für viele Leute der Nachnachkriegsgeneration eine Institution, die einem alles geben muss, was man will. Dass er unser Mittun braucht und sich nicht von selbst aufbaut, wird kaum gesehen. Der Gesellschaft geht es wie der Eucharistie. Die Eucharistie ist nur lebendig, wenn man wirklich dankbar ist. Und auch unser Staat lebt von Bürgern, die wirklich dankbar sind, hier leben zu dürfen. Diese Dankbarkeit darf sich nicht daran messen, ob die Steuergesetze alle so sind, wie sich der Einzelne das vorstellt. Die Grunddankbarkeit ist erst einmal: Ich darf leben in diesem wunderschönen Land. Ich darf leben in einer Staatsform, die sich Demokratie nennt. Und ich darf sogar daran mitwirken. Ist das nicht toll? Das sagen sich viel zu wenige Menschen.

Bei dem Wort Eucharistie, ich habe es oben schon erwähnt, gibt es zwei Ebenen: Das eine ist das Sakrament der Eucharistie, das andere ist die Eucharistiefeier. Theologisch gesprochen wurzelt die Eucharistiefeier im Pessachfest. Das Pessachfest lebt von der Dankbarkeit aus der Erfahrung von Befreiung. So steht es auch am Anfang der zehn Gebote (Exodus 20,2): »Ich bin Jahwe, dein Gott, der dich aus Ägypten geführt hat, aus dem Sklavenhaus.« Aus dieser Befreiungserfahrung heraus feiern die Juden Pessach und die Christen Eucharistie. Darum sagen die Christen vor allen Dingen, der Sonntag ist der erste Tag der Woche, wo wir besonders gerne Eucharistie feiern. Wir beginnen die Woche mit einem freien Tag. Das Wochenende ist am Samstagabend vorbei, dem Tag, an dem wir uns erholen. Und am Sonntagmorgen beginnen wir die Arbeitswoche mit der Feier der Gegenwart Gottes in unserem Leben. Dazu muss jeder einen Herzensentschluss fassen und darf sich nicht ablenken vom Gerede über das Wochenende, was wir uns durch unsere Arbeit verdient haben. Samstags können wir uns fragen: Wozu haben wir Lust? Aber sonntags müssen wir uns fragen: Wohin drängt uns der Dank? Als Katholik muss man lernen, vollständig von den Umständen abzusehen, von der Atmosphäre des

Freizeitstresses. Der Dank für Gottes Tag muss in den Vordergrund rücken. Er ruft uns, Jesus Christus zu treffen. Dort, wohin er uns einlädt. Christus ist der Hausherr der Kirche. Er versammelt uns. Er gibt uns sein Wort. Er lädt uns zum Essen ein.

Es muss gesellschaftliche Diskussionen über die Zukunftsgestaltung geben, das ist gar keine Frage. Aber am Anfang müsste die Frage stehen: Wie sind wir als Gesellschaft so geworden, was wir sind? Und aus der Dankbarkeit über das, was geworden ist und aufgebaut wurde, gestalten wir diese Gesellschaft. Aus der Dankbarkeit folgt die Sinngebung unseres Tuns. Etwa: Nicht in einer Partei sein, weil man da oben an die Macht kommen will, sondern weil man diesem Staat dienen will. Es gibt durchaus Politiker, die das glaubwürdig vertreten haben. Konrad Adenauer, Helmut Schmidt und Willy Brandt zum Beispiel. Das waren – jeder auf seine Weise – Menschen, die diese Einstellung meiner Ansicht nach glaubwürdig vermittelt haben. Die auch die Bürger beteiligten an ihrem Ringen um die beste Lösung. Die aber auch mit Entschiedenheit Sachen vorangetrieben haben, die sie für richtig hielten, oder anderes bewusst nicht taten, weil sie es nicht verantworten konnten aus der Geschichte der Deutschen heraus. Und das unabhängig davon, ob es ihrer Beliebtheit im Volk schadete oder nicht. Wer den Sinn im Blick hat, genährt aus der Dankbarkeit für das, was wurde, dem wird es gehen wie Eltern: Sie müssen entscheiden und tun dies auch, auch wenn die Kinder nicht Beifall klatschen. Dankbarkeit, Verpflichtung, Verantwortung und Entschiedenheit gehören zusammen.

Solche Worte hören sich schön an, genauso schön wie Worte, die im Zusammenhang mit dem Sakrament der Eucharistie kursieren. Das sind dann so Spruchkartenweisheiten wie: Wer teilt, der wird nicht ärmer, sondern reicher. Das Licht, das sich verteilt, wird nicht weniger, sondern erhellt den Raum. Das Brot, das wir teilen, blüht als Gemeinschaftsrose auf. Das Weizenkorn muss sterben, sonst bleibt es ja allein. So wichtig und richtig solche Weisheiten sind: Damit ist aber der innerste Gehalt des Sakramentes noch nicht erfasst. Sein innerstes Geheimnis ist, dass es keine Liebe gibt ohne Bruch. Und dass dann, wenn wir am Ende sind, Gott erst anfängt.

Wenn ich beginne, mich hinzugeben an einen Menschen, komme ich an Schmerzstellen meiner selbst, und ich komme an Schmerzstellen des anderen. Es berühren sich Bruchstücke. Nicht wenn man sich groß und ganz zeigt, sondern klein und zerbrechlich, beginnt Erlösung auch spürbar zu werden als Vorraum der Erfahrung der großen Erlösung: Denn so ist Gott. Die Wandlung vollzieht sich auch in mir, wenn ich glauben kann, dass Gott dieses Brot, das gebrochen wird auf dem Altar, durch seinen Geist verwandelt in das Innerste des Wesens Jesu. Sein zerbrechliches und für uns zerstochenes Herz liegt »frisch« auf dem Altar. Es steht jedem offen, der glaubt. Wenn Katholiken glauben, dass Brot und Wein verwandelt werden »in das Wesen Jesu«, meinen wir nicht die Verwandlung in das Wesen eines beliebigen anderen Menschen. Nein, Jesus ist das Urmodell, nach dem alle Menschen, ja alle Welt »gebaut« sind. In der Eucharistiefeier sprechen wir vom Wesen Gottes und vom Wesen des Menschen: Aus Hingabe zu leben. Seine tiefste Lust und Freude erfährt Gott und sein Ebenbild, der Mensch, wenn er sich opfert. Ich nenne hier bewusst einmal dieses sehr belastete Wort – sich opfern. Ausgerechnet wenn ein Mensch sich opfert, kommt er zu wahrer Größe. Auch Dietrich Bonhoeffer ist als evangelischer Theologe im Innersten zu diesem tiefen Geheimnis gekommen. Das wird jedem deutlich, der sein Buch »Widerstand und Ergebung« liest.

Dieses Wesensmerkmal Gottes und des Menschen – die Opferbereitschaft – ist nicht wegzudenken aus dieser Welt. Viele Filme, Bücher und Theaterstücke sind diesem Drama gewidmet: Dass der Mensch dazu fähig ist, scheinbar Nutzloses zu tun, weil es für andere gut ist. Jeder kann auch Beispiele aus seiner Umgebung nennen: Wegen eines Kindes, das behindert ist, ein ganzes Haus umzubauen. Einen anderen Beruf auszuüben, um diesem Kind mehr Zuwendung geben zu können. Ganze Lebenspläne aufzugeben, nie in den Urlaub zu fahren und was sich aufopfernde Menschen nicht alles auf sich nehmen. Und die Eucharistie behauptet: Das ist Leben. Das ist göttlich! Göttlich ist nicht das scheinbar Heile. Sondern göttlich ist das Zerbrochene. Darum setze ich bei der eucharistischen Anbetung in die Monstranz, das kostbare goldene Zeigegefäß für die Eucharistie, das zerbrochene Brot ein. Nicht eine ganze »heile« Oblate, sondern eine zerbrochene, und zwar so, dass man die Bruchstelle wirklich sieht. Das zeigt: Da reißt sich einer auseinander. Für uns. Und wenn wir zerreißen: Mit uns.

Im Alltag erfahren wird das oft. Theorie und Praxis sind auseinandergerissen. »Du tust ja gar nicht, was du sagst.« »Du bist ja ganz anders, als du dich gibst.« Unsere Erfahrungswelt ist voll von Auseinandergerissenem. Von Dingen, die nicht zusammenpassen. Die uns kaputt machen, zermürben, traurig machen, die uns selbst auseinanderreißen. Und Jesus sagt: »Ich lasse mich freiwillig für euch auseinanderreißen. Ich lasse mich zerreißen. Ich sterbe für Euch, damit ihr ein für alle Mal versteht: Gott steht auf eurer Seite, wenn ihr aufgrund eurer Sünde in der Welt ständig für Zerrissenheit sorgt. Gott steht auf eurer Seite, ihr dürft Hoffnung haben.«

In unserem gesellschaftlichen Leben ist dieses katholische Grundverständnis Praxis. Das Zerbrochene und das Unheile – dem gebührt Unterstützung. Gerade in Deutschland bin ich froh um diese Geisteshaltung. Hier sagt man den Schwächsten in der Gesellschaft nicht: »Du bist selbst schuld!« Sondern wir haben das Subsidiaritätsprinzip der katholischen Soziallehre: Der Schwache und der Geschwächte hat das Recht, von der Gesellschaft zu erwarten, dass sie ihn in seiner Schwäche unterstützt. Nicht in seiner Faulheit, das ist auch wahr. Aber in seiner Schwäche. Darum haben wir in Deutschland eine Arbeitslosenversicherung, wir haben eine Sozialversicherung, wir haben eine solidarische Krankenkasse. Das alles sind Systeme, die eingeführt worden sind aufgrund des christlichen Glaubenswissens: Zerbrechen kann es im Leben geben, und jemand, dem das widerfährt, den dürfen wir nicht liegenlassen.

Das Evangelium vom barmherzigen Samariter ist ein Evangelium, das geradezu sinnbildlich für die Eucharistie steht. Da ist einer unter die Räder gekommen, so wie Jesus unter die Räder kam. Da neigt sich jemand ihm zu, der gar nicht zu ihm gehört und weder seinem Volksstamm angehört noch blutverwandt mit ihm ist. Dass der ihn nun aufgreift und versorgt, ist für uns zur Kurzformel für die ganze evangelische Botschaft geworden. Das Evangelium erzählt von der Eucharistie! Wir feiern Jesus dafür, dass er sich allen zuneigt, auch denen, die nicht zu ihm gehören. Eucharistie schließt die Angst vor Überfremdung aus. »Für Euch und für alle hingegeben« meint ja Menschen aller Religionen, Hautfarben. Diese Hingabe bedeutet keine Vereinnahmung, sondern drückt eine Hoffnung aus. Eine Vereinnahmung würde bedeuten: »Ich gebe mich für euch hin, und ihr müsst euch alle an mich hängen.« Dagegen sagt Jesu hoffnungsvolle Hingabe: »Ihr Menschen, schaut, was ich tue. Ich gebe mich hin. Ich sage euch, dass meine Verbindung mit dem Vater im Himmel so stark ist, dass Ihr die nicht zerstören könnt. Mehr noch: Ich biete Euch an, in meiner Hoffnung auf Gott Hoffnung für euch alle zu schöpfen.«

Wir glauben in der Tat, dass Gott Jesus aufgrund dieser Hoffnung auferweckt hat. Dass Jesus nicht abgelassen hat vom Vater und wir in ihm nicht von Gott getrennt werden können. Auch wenn es die größten Halunken immer noch gibt und in dieser Welt noch vieles unvollkommen ist – das letzte Wort heißt Hoffnung. Ich glaube, politisches Engagement lebt von einer solchen eucharistischen Haltung. Das gilt auch für das Engagement in der globalisierten Welt. Die Entscheidung, an einem guten Werk mitzuwirken und Kraft dafür einzusetzen, darf nicht von der Überlegung bestimmt sein, wie viel davon schon umgesetzt ist. Und auch nicht davon, ob es sich überhaupt lohnt. Wenn man das nachrechnen wollte, müsste man vieles an Hilfe sofort beenden. Sondern die Entscheidung muss ausschließlich davon abhängen, wie stark sich die Hoffnung macht, dass dieses Werk umgesetzt werden kann. Wir sollten die Welt nicht technokratisch verbessern, sondern sie sollte aus der Hoffnung heraus verbessert werden, dass jedem das Wort Jesu gilt: »Ich lebe. Und auch ihr sollt leben.«

Ich wende mich damit gegen ein Berechnungsdenken, das den Erfolg planbar machen will. Das finde ich im kommunistischen wie im kapitalistischen Denken. Mancherorts finde ich das auch in meiner katholischen Kirche hier in Deutschland: »Wir brauchen nur die perfekte Struktur zu finden, und dann wird alles vollkommen.« Dabei weiß doch jeder, dass nicht die Menschen nach den Plänen eingesetzt werden dürfen, sondern die Pläne nach den Menschen gerichtet werden müssen. Klar, es muss geplant werden. Aber wir dürfen unser Engagement nicht an eine Idee von einer perfekten Welt oder von perfekten Zuständen binden, getrieben von der Vorstellung, wir könnte sie herbeiführen, wenn wir uns nur genug anstrengten. Auch eine falsch verstandene Heiligenverehrung kann dazu führen. »Tu das und dies und das auch noch, und du wirst besser.« Dieses Rezept funktioniert nicht, auch wenn alle Brigitte-Diäten davon leben. Anstatt zu sagen: »Iss zwei Pfund Quark, und schon wiegst du weniger«, muss man dem Menschen sagen: »Überlass dich dem Wirken Gottes. Spür dem nach, was er in dich hineingelegt hat. Und dann wage die Hingabe.«

Die Eucharistiefeier ist, richtig gefeiert, ein Wandlungsweg. Es ist ein Prozess, der in der einen Stunde, die er normalerweise dauert, mit vielen Beteiligten ein rituelles Haus baut, aus zumeist biblischen Zitaten und aus Riten, die der Bibel entstammen. An einer ganz bestimmten Stelle, dem Hochgebet, von dem ich schon sprach, sagen wir dem Vater im Himmel noch mal, was Jesus uns aufgetragen hat. Wir zeigen ihm sozusagen, wie sich Jesus als der Prototyp von Mensch sich verhalten hat. Dadurch nehmen wir Menschen natürlich auch Maß an Jesus von Nazareth. Das tun wir aber nicht allein, sondern wir bitten den Vater im Himmel, dass der Geist herabgesendet wird auf uns, die wir dort versammelt sind, damit wir ein Leib und ein Geist werden in Christus. Wir bitten darum, aufgenommen zu werden in diesen neuen Menschen Jesus von Nazareth. Der Heilige Geist kommt auf die Gemeinde herab wie auf die Gaben von Brot und Wein. Wer das mit wachem Herzen mitvollzieht, der wird davon berührt sein. Vor einiger Zeit sollte ich in einer Gemeinde Eucharistiefeier halten. Das Wunder, das dann geschah, begann damit, dass der Lektor zehn Minuten vor Beginn in der Sakristei zu mir sagte:»Was ist denn das für eine komische Lesung?« Es war die Tobit-Lesung (Tobit 5, 9–14): Tobit bekommt zufälligerweise beim Schlafen Vogelmist in die Augen und erblindet. Keine Salbe der Ärzte kann ihm helfen. Durch seine Blindheit wird er ungehalten gegenüber seiner Frau. Er verdächtigt sie, ein Ziegenböcklein gestohlen zu haben, das sie in Wirklichkeit geschenkt bekommen hat. Das ist eine lebensnahe Beschreibung dessen, was einem Kranken passiert, der sich sein Unglück nicht erklären kann.»Was für eine komische Lesung, die versteht ja kein Mensch!«, sagte der Lektor. Also gut, ich fasste den Entschluss, darüber zu reden und in der Eucharistiefeier besonders für die Kranken zu beten. Nach meiner Predigt kam ein Mann in die Kirche und fing an, grundlos zu weinen und laut herumzuschreien. Er bewegte sich zum Altar und sprach vorn laut zehn Minuten lang in völliger geistiger Umnachtung wirres Zeug. Ich feierte einfach ganz konsequent die Messe weiter. Ich wandte mich ihm nicht zu, sondern habe auf den Ritus der Messe vertraut, obwohl der Mann teilweise lauter war als ich. Ich betete für die Kranken, wie die Messe das vorsah. Ich betete das Hochgebet. Je mehr ich betete, desto stiller wurde er. Dann verschwand er vor dem Vaterunser in die Sakristei und ging nach draußen.

Es war eine riesige emotionale Anstrengung für mich, mich von dieser Umnachtung, in der er war, und von seinem furchtbaren Weinen nicht stören zu lassen. Von außen betrachtet, mag es sehr lieblos ausgesehen haben. Aber indem ich mich in meinem Gebet nicht von ihm stören ließ, versuchte ich, Jesu wandelnde Gegenwart in diesem Raum ernstzunehmen. Nachher war ich sehr glücklich, dass ich das so konsequent getan hatte. Nach dem Gottesdienst reflektierte ich das Geschehene noch einmal mit einer Ärztin, die zufällig auch in der Kirche war. Ich sagte ihr: Ich wollte diesem Kranken zeigen, dass hier in dieser Kirche eine Verwandlung möglich ist, wenn man nur auf Gott vertraut. Wenn man darauf vertraut, dass hier ein heiliger Raum ist, in dem wir Gott seine Wunder tun lassen müssen, wie auch immer er das will. Die 120 Gottesdienstbesucher waren genauso angespannt wie ich. Der Mann hätte mir auch Gewalt antun können. Ich dachte aber: Man muss die Eucharistiefeier auch unter solchen Umständen mit Freude feiern, denn auch in dieser Krankheit ist Jesus der Herr. Gesellschaftlich gesprochen: In ihm ist Würde. Man darf den Ritus »durchziehen«, und wenn wir ihn »durchziehen« und uns von den äußeren Umständen nicht ablenken lassen, können wir Christus in aller Klarheit empfangen in seinem Wort sowie in seinem heiligen Leib und Blut. Gerade hier können wir ihm sagen: »Herr, wir wissen oft nicht weiter, aber du bist unser Weg. Es zerbricht so viel in uns. Aber das Bruchstück aus deinem eucharistischen Brot heilt unsere Bruchstellen.«

Diese besondere Erfahrung will ich jetzt nicht verallgemeinern. Sie zeigte mir, was Gott schenken kann, wenn man konsequent glaubt, dass er den Wandlungsweg mit uns geht in der Eucharistiefeier: Im festen Ritus bewegt uns sein Geist. Wandlungsweg heißt für mich, bestimmte Dinge hintanzustellen: den Ehekrach, den Beruf, der nicht läuft, den Chef, der uns nicht gefällt, und den Garten, der nicht wachsen will. Wer zur Messe geht, der stellt alles hintan. Wer zur Messe geht, der bringt alles, was er hat, hinein und vertraut alle diese Dinge der Wandlungskraft Gottes an.

Auch hier gibt es wieder eine Parallele für unser gesellschaftliches Tun. Ich glaube, dass wir Räume brauchen, in denen das Schwache einen Platz bekommt. Räume, wo Menschen hinkommen dürfen, die sonst das Gefühl haben: Ich gehöre nicht dazu. Wenn wir eine Grundhaltung der Dankbarkeit haben, wie die katholische Eucharistiefeier sie voraussetzt, dann werden wir in unseren Theatersälen Rollstuhlfahrerplätze einrichten. Wir werden auf die Barrierefreiheit unserer Städte achten. Wir werden Entschuldigungsschreiben an die Nachbarn schicken, wenn die Anwohner einmal mit großem Lärm rechnen müssen, weil da gerade eine Riesenfete stattfindet. Wir werden einen Trauerfall nicht mehr zur reinen Privatsache erklären. Wir werden auch unsere Trauerhallen wieder mehr zu gesellschaftlichen Hallen machen, in denen die ganze Gesellschaft trauert um den, der da gestorben ist. Wir werden in Altenheimen die Verstorbenen öffentlich verabschieden und es nicht für einen Betriebsunfall halten, dass da jemand gestorben ist. Wer schwer krank ist, der darf noch zur Weihnachtsfeier seines Betriebes kommen, auch wenn er nicht mehr dort arbeiten kann.

Die Eucharistiefeier lehrt Zerbrechen und Gemeinschaft im Zerbrechen sind die Orte, an denen Gott sich finden lassen will. Dieses Katholische mahnt die Gesellschaft und die einzelnen christlichen Gemeinden: Hast du einen Ort, an dem du an das denken kannst, was dir Kraft gibt und woraus du lebst? Es wäre ein Ort, an dem auch diejenigen einen Platz finden, die fürchten, sie gehörten nicht dazu.

5

Gut und Böse

Sünde – den Fehlern eine Chance

Ich finde es spannend, dass das Wort »Sünde« von »absondern« kommt. Etwas »Besonderes« sein wollen. Der Sünder ist derjenige, der sich auf Kosten Gottes und der Mitmenschen absondern, absetzen will. Er befürchtet, in der Gemeinschaft unterzugehen und keinen Namen zu haben, weil er nicht glauben kann, dass er bei Gott einen Namen hat. Wer sich nicht von Gott geehrt weiß, wer sich nicht von den Menschen als Mitmensch akzeptiert weiß, der muss sich Wege suchen, sich selbst zu beweisen, dass er etwas Besonderes ist. Damit meine ich nicht trotzige Absetzbewegungen von Kindern. Trotz ist nicht in jedem Fall Sünde, Trotz zeugt davon, dass jemand noch nicht genügend gereift ist. Wenn ein Kind seine Eltern belügt oder mal heimlich etwas macht, ist das nicht gleich Sünde, sondern ein Individuationsereignis. Gerade Jugendliche flüchten sich gern einmal in eine Sonderwelt und setzen sich ab. Der Konkurrenzgedanke spielt dabei auch eine gewisse Rolle. Persönliche Schuld ist das noch nicht.

Unheilvoll wird ein solches Verhalten dann, wenn es zum Lebensprinzip erkoren wird. Ein Sünder, das ist einer, der grundsätzlich gegen die anderen und auf Kosten der anderen Menschen lebt. Letztlich lebt er sogar auf Kosten seiner selbst, weil er die wahren Kräfte, die er in sich hat, nicht zur Entfaltung bringt. Es hat nur anfänglich den Anschein, als käme ein Sünder gut weg mit seiner Lüge, mit Heuchelei, mit seinem Seitensprung oder Betrug. Aber er lebt auf Kosten seiner selbst. Das heißt, dass er die Kräfte in sich selbst fehlleitet. Die eigene Kreativität wird von ihm verbogen. Sie kann eingesetzt werden gegen andere, etwa indem man Lügen erfindet, um besser dazustehen. Dafür ist aber ein ungeheuer größerer Aufwand erforderlich, als die eigene Kreativität einzusetzen, um in der Gemeinschaft mit anderen die eigenen Fähigkeiten und Talente zu entwickeln und einzusetzen. Der Sünder ist der angestrengte Mensch. Er muss ja immer Angst vor der Entdeckung haben, die Angst, dass man ihm auf die Schliche kommt. Deswegen wendet er viel Kraft auf, um seinen Sonderweg als besonders glanzvoll darzustellen. Sünde ist nicht nur Betrug am anderen, sondern Selbstbetrug. Man verausgabt sich und lebt gegen sich selbst. Aber ein Sünder merkt das natürlich nicht, weil er ja denkt, er würde sich einen Dienst erweisen.

Das Kind, das die Mutter bewusst anlügt, um einen Vorteil davon zu haben, muss die ganze Zeit mit einem schlechten Gewissen fertig werden. Es hat hoffentlich eine Mutter, die das irgendwann merkt und dem Kind eine Chance gibt, sein Gewissen zu erleichtern. Sie muss das Kind herausholen aus der selbst verschuldeten Absonderung von der Liebe der Mutter. Die Mutter selbst muss die Kraft haben, das zu erkennen. Sie darf dem Kind nicht mit autoritären Strafen kommen. Sondern eine Strafe darf allenfalls so aussehen, dass sie dem Kind ihre Liebe öffnet. Sodass es sich in diese Liebe wieder hineinentwickeln kann, dabei einen hochroten Kopf bekommt und sich selbst bestraft, weil es Scham darüber empfindest, ihrer Liebe misstraut zu haben.

Die Sünde beschämt den Sünder, das ist schon Strafe genug. Ihm widerfährt, was er anderen antut. Denn wenn ein Sünder einem anderen Menschen unrecht tut, ihn belügt und ihm gegenüber unwahrhaftig ist, beschämt er diesen. Er behandelt ihn nicht nach dem, was er wert ist oder was der andere für den Sünder zu sein glaubt. Für den Sünder ist das anstrengend. Weil er den anderen ständig so sehen muss, wie er eigentlich nicht für ihn ist. Der klassische Fall sieht beispielsweise so aus: Jemand betrügt seine Frau. Er muss ständig in der Geliebten, mit der er seine Frau betrügt, eine Person sehen, die er liebenswert findet, obwohl er sich doch eigentlich entschlossen hat, seine Frau als die einzig liebenswerte Person zu sehen. Er beschämt die Geliebte: Sie ist es wert, dass er sie wahrhaftig behandelt. Er beschämt seine Frau. Und er muss sich vor sich selbst schämen: Denn er handelt entgegen seiner schönen Möglichkeit, treu sein zu können und einer Frau nicht als Lügner gegenüberzutreten.

Im Katholischen rechnen wir damit, dass der Mensch ein Sünder ist. Die Kirche hat, wie ich finde, einen sehr realistischen Blick darauf, dass wir gespaltene Persönlichkeiten sind. Wir können nie vollbringen, was wir eigentlich wollen. Daher der typisch katholische Beichtstuhl: Ich kann meine immer gleichen Sünden bekennen, und ich werde davon losgesprochen. Manche sprechen ja abfällig vom Persilschein und äußern sofort ihre Verdächtigungen: »Die Katholiken haben es ja einfach. Die brauchen einfach nur beichten zu gehen und können dann wieder neu sündigen.« So ist die Beichte aber gar nicht gemeint. Sondern dem Menschen wird diese Gnade der Sündenvergebung geschenkt. Zur Beichte gehört die echte Scham. Darum soll man ja auch zu einem Priester gehen und seine Sünden bekennen: Damit man sich richtig schämt. Da muss ich laut sagen, dass ich meine Gemeinschaft betrogen habe. Dass ich einen Mitbruder belogen habe. Dass ich in meiner Predigt Beispiele genutzt und sie als meine ausgegeben habe, obwohl sie nicht von mir stammen. Lob eingeheimst habe für Sachen, die ich gar nicht selbst erfunden habe, Plagiate hergestellt habe. Das alles im Beichtstuhl zu sagen, da kriegt man einen roten Kopf. Denn eigentlich möchte man ja ein edler Typ sein. Vor dem Priester es Jesus sagen – das ist konkret. Da kann man nicht ausweichen. Da muss ich endlich mal meine Sünden nicht mehr mit mehr selbst ausmachen.

Dass in der Beichte ein »Persilschein« ausgestellt wird, stimmt so nicht. Immer muss damit Reue und ein echter Vorsatz verbunden sein. Das ist in der Gesellschaft anders. Da wird viel in Schwarz und Weiß aufgeteilt. Und wer als Weiß eingestuft ist, dem schadet schon das leichteste Grau. Deshalb gibt es auch eine so große Heuchelei. Es gibt einen großen Aufschrei – und das sage ich so, obwohl ich mitgeschrien habe – über Karl Theodor zu Guttenberg. Dass es eine sogenannte Akademie gab, die über zweihundert Doktorarbeiten für andere verbrochen hat – darüber war nichts zu lesen. Und: Wer schreibt denn nicht ab? Viele Menschen haben auch laut aufgeschrien, als ein Klaus Zumwinkel öffentlichkeitswirksam verhaftet wurde wegen Steuerhinterziehung. Aber dem Finanzamt irgendwelche falschen Belege unterzuschieben und bei diversen Angaben im Steuerformular zu schummeln, das machen viele. Das ist tragisch. Noch tragischer ist, dass nach solchen Fehlern die Gesellschaft jene fallen lässt, die sie vorher noch vergöttert hat. Das Katholische ist da cooler. Es rechnet mit der Sünde. Wir sagen einfach: Jeder ist ein Sünder. Auch der Papst geht jeden Monat beichten. Und jeder, der von sich sagt, er sei kein Sünder, hat schon gelogen und sich zum Sünder gemacht.

Das Thema Sünde beschäftigt so viele, weil viele sich von der Fantasie leiten lassen, es gäbe einen wahrhaft Heiligen auf dieser Welt. Dieser Fantasie tritt die Kirche einerseits entgegen, indem sie sagt: Jeder hat Grund, zur Beichte zu gehen. Andererseits feiert die Kirche in den Stundengebeten morgens und abends und in der Eucharistiefeier täglich neu die Hoffnung, dass es doch den vollendeten, heiligen, makellosen Menschen gibt, nämlich Jesus Christus. Sie traut sich, ihn sich und der ganzen Welt immer wieder vor Augen zu stellen – auch, indem sie kirchliche Amtsträger in den geistlichen Berufen als Vorbild hinstellt. Diese Berufenen haben tatsächlich die Aufgabe, die Fantasie vom heiligen, makellosen Menschen, Jesus, wachzuhalten. Makellos ist aber nicht der Priester, der die Fantasie zu Jesus hin zu lenken hat. Das muss neu von der katholischen Kirche gehört werden: Der Priester soll sich natürlich genauso anstrengen wie alle. Aber er kann auch versagen, wie jeder Christ. Tut er es, schmerzt das besonders, da er sich ja rituell mit seinem ganzen Leben diesem makellosen Jesus Christus geweiht hat.

Das kann man direkt auf die Politiker übertragen. Makellos dazustehen ist so wichtig für das Wahlvolk, dass es eine ganze Unkultur der Verlogenheit und Heuchelei gibt. Guttenberg ist ein Beispiel dafür, aber es gibt unzählige andere. Manche Politiker lügen, nur um sich diesen Anschein von Makellosigkeit zu erhalten. Als es beispielsweise um das Problem der schwarz angestellten Putzfrauen ging, kam natürlich prompt heraus, wie viele Bundestagsabgeordnete ihre Haushaltshilfen ebenfalls schwarz beschäftigen ...

In den Monaten der Aufdeckung von Missbrauchsfällen durch katholische Geistliche an Kindern und Jugendlichen wurde lange herumlaviert. Zuvor waren diese Fälle einfach vertuscht worden. Mit Recht wenden sich daher Menschen von der Kirche ab, da sie von ihren Amtsträgern doch besonders erwartet haben, dass sie Menschen der Hoffnung und damit Menschen des offensiven Umgangs mit der Schuld sind. Die Gesellschaft braucht das Katholische, weil sie den Mut zum Sündenbekenntnis braucht: Wir brauchen mehr Mut zur Ehrlichkeit, was unsere großen und kleinen Sünden angeht. Wir brauchen aber auch den Mut einzugestehen, dass keiner perfekt ist. Und dass wir trotzdem tätig werden dürfen. Das Katholische prägt in dieser Hinsicht zum Glück unsere Gesellschaft. Wir verfallen nicht in Schockstarre über unsere Verfehlungen, sondern machen trotzdem weiter. Als Beispiel kann man sich etwa den Wiederaufbau von Deutschland nach dem Zweiten Weltkrieg anschauen. Deutschland wurde einfach wieder aufgebaut von Menschen, die sagten: »Was auch war – wir packen das jetzt an und ziehen das durch. Wir wollen unser Land aufbauen. Wir wollen uns nicht nur bei dem aufhalten, was falsch und verkehrt war. Und wir möchten nicht nur in Sack und Asche gehen, sondern wir glauben, dass es eine Zukunft gibt.«

Zum Katholischen gehört für mich auch die Haltung, nicht nachtragend zu sein. Einem anderen nicht alles auf Ewigkeit anhängen zu lassen. Eine Fröhlichkeit zu entwickeln, auch wenn wir wissen, dass wir in dieser Welt natürlich noch auf dem Weg und längst nicht am Ziel sind. Vielleicht ist Deutschland auch deswegen eine Schaffernation. Wir handeln einfach. Das mag auch viel mit der protestantischen Ethik zu tun haben:»Erweise dich als begnadet!« Vielleicht gibt es auch ein bestimmtes Naturell in unseren Breitengraden. Aber ich glaube, auch die katholische Einstellung trägt dazu bei. Wir Katholiken sagen: In dieser Welt ist etwas zu machen, auch wenn sie noch sehr unfertig ist. Wir dürfen auch etwas machen, selbst wenn wir vorher schon einmal etwas falsch gemacht haben. Auch wenn wir zum Beispiel wissen, dass zwei Drittel der Welt hungern, können wir trotz der Übermacht dieses Bösen heute Gutes tun. Mich freut diese Art von fröhlichem Pragmatismus: Schwamm drüber. Es darf uns nicht bis in alle Ewigkeit hemmen, was war. Lasst uns endlich anfangen.

Es gibt auch einige Beispiele aus der Gesellschaft, die diese Mentalität zeigen: etwa der Aufbau in den neuen Bundesländern nach der Wiedervereinigung. Es war für unsere bundesrepublikanische Gesellschaft selbstverständlich, als die Einheit da war, den neuen Bundesländern auf die Beine zu helfen. Wir haben wie selbstverständlich gesagt:»Wir wollen ein Land ohne Zollschranken sein. Es soll nicht aufgerechnet werden, was da an Lasten auf uns zukommt. Wir wollen das gemeinsam stemmen.« Das ist diese fröhliche Pack-an-Mentalität, die auch eine typisch katholische Grundhaltung ist. Die interpretiere ich so, dass wir nicht am ewigen Gestern hängen, sondern dass wir wirklich in die Zukunft schauen möchten. Ich will damit um Himmels willen nicht den Eindruck erwecken, dass die katholische Prägung für die Einheit verantwortlich war. Aber ich möchte doch sagen: So ein fröhliches Pack-an hat für mich etwas mit Kirche zu tun. Es erinnert mich an die Mönche, die einfach das Land urbar gemacht haben. Die einfach gesagt haben: Das ist jetzt unsere Aufgabe. Fertig! Muss es nicht nachdenklich machen, wie viele Bürgermeister der ersten Generation nach der Wende Katholiken waren?

Ein zweites Beispiel ist die Internationalität unseres Landes – aller Nazi-Vergangenheit und rechtsextremen Strömungen zum Trotz. Langsam stellen wir jetzt fest, dass das Fremde auch zu uns gehört. »Der Islam gehört zu Deutschland« – eine solche Formulierung führt nicht weiter. Muslime gehören zu Deutschland, Juden, Christen, Atheisten – und wenn sie als Fremde zu uns kommen: Sie sind willkommen. Weil wir das von Pfingsten her kennen. Die Bibel erzählt, dass der Heilige Geist keine Grenzen von Nation und Religion kennt. Die katholische Kirche ist allen Ländern der Welt daheim. Die Welt ist international. Wir in Deutschland freuen uns über die, die hier mit uns leben wollen. Wir stellen nicht jedem gleich die Frage: Was bringst du mit, und was hast du? Allerdings will ich hier unserer Ausländerpolitik nicht zu viel huldigen. Ich kenne auch grausame Beispiele, wie wir in Deutschland Leute abschieben. Aber immerhin unterstellen wir denjenigen, die zu uns kommen, nicht gleich, sie wollten uns ausrauben und unsere Arbeitsplätze wegnehmen. Es gibt eine gewisse Bereitschaft zur Aufnahme des Fremden, die ich zusammenbringe mit der katholischen Grundhaltung. Ich wage es auch so zu sagen: Je weniger verwurzelt im Glauben, desto feindlicher gegenüber Ausländern. Wie war das noch: Sünde kommt von absondern. Das Katholische in Deutschland kann helfen, diesen dummen Fehler, reich ohne die anderen werden oder bleiben zu wollen, zu überwinden.

Die überwundene Erbsünde – Lust auf Zukunft

Was ich über Sünde gesagt habe, folgt aus dem, was die katholische Kirche über die Erbsünde lehrt. Genauer gesagt über die besiegte Erbsünde. Das heißt nicht mehr und nicht weniger als: Der Mensch ist nicht gefangen in seiner Sündhaftigkeit. Er kann neu beginnen. Es ist typisch katholisch, einfach bereit zu sein, Lust auf Neues zu haben. Dies sage ich umso nachdrücklicher, als mir immer wieder gesagt wird: »Das Katholische? – Ach, das ist doch ein Festhalten an alten Zöpfen!«

Deutschland als Land der Denker und Dichter und ebenso als Land der Erfinder hat deswegen meines Erachtens auch in dieser Hinsicht katholisches Grundwasser: sich nicht gefangen zu wissen in Erbsünde und Vergangenheit. Wir haben Lust auf Zukunft. Und sehen auch nicht so sehr die Probleme, sondern eher die Herausforderungen. Ich mag die deutsche Gesellschaft in ihrer Buntheit. Mich erinnert sie an die Buntheit katholischer Ordensgemeinschaften. Deutschland, das heißt: Wir glauben, dass es in Zukunft noch Lösungen gibt, die wir noch finden können. Wir glauben an die Zukunft. Wir setzen darauf, Neues zu erforschen. Wir setzen darauf, zu handeln im Vertrauen darauf, dass etwas wirklich neu werden kann. Deswegen hat der Plagiatsvorwurf an einen Minister (und sein zunächst vehementes Beschönigen) die Gesellschaft ins Mark getroffen. Wir leben von dem Glauben, dass jeder die Gnade empfangen hat, einen eigenen Beitrag zum Gesellschaftlichen geben zu können. Das betrifft Einzelschicksale genauso wie die gesamte Gesellschaft. Es passt nicht zu unserem Land, dass Hartz-IV-Empfänger angeblich doch nie aus ihrem Elend herauskommen könnten; sie würden nur Geld fürs Nichtstun kassieren. Dass sie dann nur Kinder kriegen, die auch nur noch resigniert vor der Glotze hocken und nichts tun. So sind die Gesetze nicht gedacht. Und so zu denken steht außerhalb deutscher Tradition, sofern sie die katholische Prägung nicht leugnet.

Ich erinnere mich noch gut an das Gespräch mit einer Frau, die aus einer Familie stammte, wo der Alkohol ein allgegenwärtiges Problem war. Der Vater war immer wieder im Suff und gerne auch mal gewaltbereit. Die Mutter war zu schwach, um sich dagegen zu wehren. Sie vertuschte das Alkoholproblem nach außen und versuchte so gut es ging, die Kinder vorm saufenden Vater zu schützen. Was ihr nicht immer gelang. Ein klassischer Fall von Co-Abhängigkeit. Die Frau war verzweifelt, meinte, sie würde selbst auch unweigerlich in diesem

Sumpf von Abhängigkeit, Selbstverachtung und Gewalt enden. Aber sie hat es geschafft. Auch weil ich ihr sagen konnte:»Du bist nicht gefangen in dem, was du von zu Hause mitbringst. Du hast es in der Hand, Dein Leben in Gott zu erneuern. Eben weil Du durch Gott von der Erbsünde befreit bist.« Auch wenn nicht alle Bemühungen so glücklich enden: Niemand hat es verdient, von vornherein abgespeist zu werden mit dem Satz:»Da kann man nichts machen.«

Das Thema Erbsünde ist in der Theologie ein eschatologisches Thema. Eschatologie (getrennt zu sprechen: Es-chatologie) ist die Lehre von der Endzeit, von den Dingen, die noch verborgen sind. Ich verstehe Eschaton als die Frage: Was wird kommen? Wird nur das kommen, was vorher schon war, oder wird etwas ganz Neues kommen? Der kommunistische Gedanke erscheint demgegenüber geradezu langweilig: Es wird sich aus dem Alten etwas entwickeln, was ganz neu sein wird. Wer soll das denn glauben? Nicht ohne Grund hat der Kommunismus an Kraft verloren. Ich wünsche der Gesellschaft eher die katholische Einstellung: Der Himmel neigt sich uns zu und zieht uns an sich. Es gibt eine Neugier, von vorne angezogen, und nicht so sehr einen Antrieb, der uns aus der Tradition kommend mühsam voranschiebt.

Gesellschaftlich gesehen trägt beispielsweise auch das Thema Bildung die Hoffnung in sich, dass die jungen Menschen etwas entdecken werden, was bis jetzt noch niemand entdeckt hat. Sie müssen jetzt nicht zugerichtet werden für das, was gewesen ist oder jetzt da ist. Sondern sie müssen zukunftsfähig gemacht werden. Dafür müssen sie eine Grundlage bekommen. Sie müssen Glauben lernen im umfassenden Sinn, also erfahren, dass man an sie glaubt. Die Lehre von der besiegten Erbsünde, auf die wir als Katholiken sehr stark verweisen, sagt letztlich: Du bist als Mensch in deiner Personenwürde unverletzlich. Was auch kaputt sein mag – und bei wem wäre nicht der eine oder andere Schaden festzustellen – soll nicht das sein, was dich immer wieder beschäftigt. Die christliche Wahrheit vom Sieg über die Erbsünde bedeutet übersetzt in unser weltliches Dasein: Der innerste Kern deines Wesens ist geheilt. Also nichts aus deiner Vergangenheit und nichts aus deiner Herkunft gibt dir, dem Staat und auch der Kirche das Recht, dich kleinzureden oder dich in deiner Einmaligkeit in Zweifel zu ziehen. Darum diskutieren wir Katholiken auch entschieden bei der Frage der Präimplantationsdiagnostik mit. Hier geht es um die Herkunft des Menschen. Für uns Katholiken ist klar: Wir dürfen den Menschen nicht darauf festlegen, wo er herkommt und wie gesund er ist. Wir dürfen nicht prüfen, ob er womöglich genetische Defekte hat. Wir dürfen ihm das Lebensrecht nicht absprechen, auch nicht das Recht auf ein Leben mit Behinderung. Wir sagen: »Wie du daherkommst ins Leben, das ist ein Geschenk für uns. Ohne Voraussetzungen, ohne Bedingungen, ohne Wenn und Aber. So wie du bist, egal wie, wollen wir dich annehmen. Du bist voll der Gnade.« Dieses einfache Wort aus dem Glauben der katholischen Kirche braucht Deutschland. Es könnte dann so klingen: Du bist bedingungslos akzeptiert als Mensch, ohne jede Vorleistung.

Kruzifixus: Einer geht noch

Das Kreuz ist in katholischen Kirchen allgegenwärtig, und zwar als Kruzifixus, das den auf dem Kreuz Fixierten zeigt. Nicht wenige stören sich daran. Muss man immer auf den Gekreuzigten hinweisen, den Leichnam Jesu Christi. Das wirkt auf viele Zeitgenossen eher morbid. Ihnen gefällt dann schon besser das Kreuz allein, ohne den Leidenden darauf. Aber Katholiken tun das bewusst – den Leichnam Jesu Christi zeigen. Denn das drückt aus, dass wir die Wirklichkeit bejahen. Die letzte Wirklichkeit des Menschen ist – aus irdischer Sicht –, dass er sterben muss. Und davor gibt es unendlich viel Leid auf dieser Welt. »Hilf uns in diesem Erdental«, heißt es in einem Kirchenlied. Es ist so. Das leugnen wir nicht, sondern sehen es als Tatsache an. Der da am Kreuz leidet, ist ja nicht irgendeiner, sondern Gott.

Allem, was Leid ist in dieser Welt, hat Gott sein Gesicht aufgedrückt. Dass wir uns das so vor Augen stellen, macht uns Katholiken weltfähig. Flucht vor den Herausforderungen ist nicht unser Ding. Das Kruzifix bewahrt mich vor Spinnereien. Diese Welt ist in überwiegenden Teilen ein Elend. Wissen Sie, was das Wort Elend bedeutet? Das mittelhochdeutsche Wort Elend heißt in heutigem Deutsch Ausland. Das Elend dieser Welt lässt jeden Menschen erfahren, dass wir hier wie im Ausland sind. Wer Mensch ist, fühlt sich fremd in dieser Welt: Es könnte so viel möglich sein; und was sind wir? Enttäuschend wenig!

Wir Menschen sind Paradiesvertriebene. Wir sehnen uns nach dem Himmel. Leider machen wir daraus nichts. Wir bereiten uns die Hölle, weil wir uns den Himmel auf Erden bereiten wollen – und anderen dabei diese Erde wegnehmen. Am Ende sind wir selbst in der Hölle, die wir mit geschaffen haben. Das Katholische ist deswegen wenig anfällig gegenüber Ideologien, die behaupten, man könne »alles gut« machen. Im Eichsfeld haben Katholiken den Kommunisten getrotzt. In Oldenburg nur wenige Jahre zuvor die katholischen Bauern den Nazis. Natürlich gab es auch Irrläuferinnen und Irrläufer. Mir geht es hier jedoch um den Grundzug: Alle Ideologen und Ideologien wollen den Himmel auf Erden schaffen. Und beseitigen dafür Abertausende. Geblieben ist davon nichts.

Für mich ist der Gekreuzigte der Fluchtpunkt meiner Aufmerksamkeit. Darum sehe ich immer wieder hin, zum Kruzifixus über meinem Schreibtisch. Ich muss mich bei allem, was ich plane, fragen: »Herr, was willst *du* denn eigentlich?« Und ich muss mir bewusst machen, dass ich mit keiner meiner Taten das Leid in dieser Welt verringern kann. Es ist natürlich schlimm, das zu erkennen. Wir Gläubigen setzen uns dennoch dafür ein, dass diese Welt besser wird. Denn im Herzen wissen wir: Diese Welt ist schon erlöst. Wir strengen uns nicht an, um etwas besser zu machen. Wir strengen uns vielmehr deswegen an, weil Jesus uns vorausgelitten hat, was in die Welt kommen kann an Leid – er nimmt uns in sein Werk mit hinein. Freilich – das wird damit deutlich – tut er das als auferstandener Herr. Mich macht das sehr gelassen. Ein Mitbruder von mir sagte mir einmal, als er wieder einmal mitbekam, wie ich mich bei Facebook und Twitter engagiere, im Fernsehen auftrete, daheim Gottesdienste halte, Radiosendungen moderiere und von Termin zu Termin renne: »Ach Paulus, mach mal langsam: Die Welt ist doch schon erlöst!«

Das Wissen, dass die Welt schon erlöst ist, führt zu einer gelassenen Freude, auch angesichts der noch bestehenden Nöte. Jesus hat eben *nicht* alle Menschen sichtbar geheilt. Und er heilt auch nicht all meine Wunden. Das muss ich mir immer vor Augen führen. Dieses Wissen ist aber keine Vertröstung auf das Jenseits. Es ist ein Trost, der mich frei macht zum Handeln im Diesseits. Der Blick auf den Kruzifixus gibt mir die Kraft, an einer Stelle dieser Welt überhaupt anzufangen, ganz nach dem Motto: Einer geht noch mit, wo keiner sich mehr zu bewegen traut.

Diese Haltung braucht Deutschland. Wir leiden im Moment darunter, dass viele Menschen gar nicht anfangen wollen. Alles scheint ihnen so kompliziert zu sein. Kaum einer blickt noch durch, wofür die Parteien, die Kirche, die Verbände, die Interessenvertretungen, die Vereine stehen. Und weil alles so kompliziert ist, engagiert sich keiner. Das Wirtschaftssystem versteht keiner mehr, die Kirche versteht keiner mehr. Darum sagen sich viele: »Da bleibe ich lieber zu Hause und pflege meinen Schrebergarten.« Man richtet es sich übersichtlich ein. Je einfacher, desto lieber: Wenn es eine Sekte gibt, die in ein paar kurzen schönen Sätzen sagt, was man glauben soll, geht man lieber zu dieser Sekte, als in die katholische Kirche einzutreten. Der Beschränkung auf die kleinbürgerliche, heile Welt wird auch die Erwartung an Gott untergeordnet. Er ist dafür da, dass alles so bleibt, wie es ist. Bei mir. Abwarten und Tee trinken, statt losgehen und sich mit dem kreuzerprobten Erlöser ins Weltgetümmel zu werfen. Schade.

Es gibt aber auch das andere Extrem: Dass man viel zu viele Sachen anfängt. Nicht wenige Menschen glauben irrtümlich, sie müssten alles mitmachen. Das Ende ist Oberflächlichkeit. Es gibt kaum noch Schreiner mit 30 Jahren Berufserfahrung, denn Schreinerlehrlinge müssen heute ja unbedingt noch zusätzlich Ingenieurwissenschaften studieren. Sie müssen außerdem am Computer fit sein und das CAD-Zeichnen lernen. Am Ende ist der Schreiner dann 35 Jahre alt und hat vergessen, wie man einen Schrank baut.

Das sind aktuell die beiden Tendenzen: Entweder gar nichts anzufangen oder zu viel anfangen und nichts richtig zu machen. Mir gefällt das Lateinische »studere«, was übersetzt heißt: sich einer Sache eifrig widmen, einmal dabeibleiben. Es geht ums Entscheiden für einen Weg, ums Dranbleiben an einer Entscheidung, ums Drinbleiben in der Gesellschaft und gern auch in der Kirche. Ich bleibe bei dir Mensch, bei dir Kirche, bei dir Kind. Ich bleib da. Das erscheint zunächst schwierig, weil man nach einem Sprichwort meint, das Gras auf der anderen Seite sei grüner und deshalb müsste man öfter mal die Seite wechseln. Anstatt zufrieden zu sein mit dem, was man hat. Und nicht dem lieben Gott etwas vorzujammern, dass der Nachbar ja so viel mehr hat, Schöneres, Besseres. Gott liebt nicht den Nörgler. Dem dies noch fehlt und jenes. Gott liebt den, der aus dem Möglichen etwas macht. Wer wie ein trotziges Kind ständig auf das Unmögliche zeigt, wird nie in den Himmel kommen. »Steig doch vom Kreuz herunter, wenn du Gottes Sohn bist ...« – dieser Spott, den die Soldaten mit Jesus trieben, als er am Kreuz hing, hallt bis heute weiter: Müsste ich nicht, wenn ich doch so ein großartiger Mensch bin, nicht auch eher weg sein, als zu bleiben?

Ich halte gerade unsere jungen Menschen in dieser Hinsicht für fantasievergiftet. Das Kreuz ist ein Heilmittel gegen diese Fantasievergiftung. Wir glauben, wir könnten so viel und müssten alles machen: Dabei zeigt das Kreuz uns, wie wenig wir wirklich machen können. Und müssen. Das Kreuz stellt die Frage: Was ist dein Einsatz, den du um Gottes willen geben sollst? Wir stellen uns diese Frage viel zu selten. Die katholische Antwort lautet: Wichtig sind die Dinge, die wir um Gottes Lohn tun. Soviel Geld auch beruhigt: Dem Leben für eine Berufung darf die Aussicht auf hohen Verdienst nicht vorgezogen werden. »Vergelt's Gott« wäre ein schöner Titel: Ich arbeite, setze mich ein, streng mich an für Gott und für das, was er mir und anderen damit möglich macht. Die Antwort: »Segne's Gott« – deine Hoffnung möge von Gott erfüllt werden. Ich würde viel drum geben, junge Menschen würden entdecken, wie abenteuerlich es ist, etwas um Gottes Lohn zu tun. Interessanterweise hat das in unserer Sprache nur noch die Bedeutung: »Wir tun es kostenlos.«

Der Gekreuzigte steht dafür, dass Gott im Leiden präsent ist. Einer geht noch, wenn sonst nichts mehr geht. Es zeigt: Gott ist noch nicht fertig mit uns. Leiden und Mitleiden verwundet, aber es öffnet auch. Der Gekreuzigte mit seinen offenen Wunden steht uns vor Augen, steht dem Gläubigen vor Augen als auferstandener Gottessohn: Es ist noch etwas möglich auf dieser Welt; vertrauen wir dem guten Ende, dass Gott allem bereitet. Katholische Ordensfrauen und -männer in aller Welt machen es uns vor wie viele andere Christen, aber auch engagierte Mitmenschen anderer Weltanschauungen: Sie sind nicht verbittert und verhärmt angesichts des Elends, mit dem sie Tag für Tag konfrontiert sind. Sie packen mit der fröhlichen Gewissheit an, dass Gott uns Menschen bereits gerettet hat. Die Herausforderung für uns alle besteht darin, trotz des unendlichen Leidens auf der Welt fröhlich und zuversichtlich dazu beizutragen, dass Gottes Herrlichkeit auf Erden sichtbar wird.

Das Kruzifix an der Wand stellt uns eindringlich die Frage: Was ist so lohnend, dass es Vergänglichkeit und Tod übersteht? Sicher nicht, möglichst viel Geld zu scheffeln und sich ein möglichst komfortables Luxusleben zu gönnen. Sondern etwas aufzubauen, was Bestand hat und der Menschheit hilft zu ahnen, wie herrlich Gottes Himmelreich ist.

Himmel, Jenseits und Ewigkeit

Vor nicht allzu langer Zeit kam eine junge Frau mit 17 Jahren zu mir. Sie sagte: »Mein Freund will mit Religion nichts zu tun haben. Er meint, das sei nur Opium für das Volk.« Daraufhin habe ich ihr geantwortet: »Wenn ein junger Mann so mit dir spricht, hat er offensichtlich noch nicht verstanden, dass es noch viele andere Opiate in unserer Gesellschaft gibt. Darum sprich mit ihm bitte nicht über den Glauben, das lohnt sich sowieso nicht. Aber frag ihn, was für ihn eigentlich Freundschaft ist. Was ist Treue, wie viel zählt Vertrauen? Wie ist er durch frühere Durststrecken gegangen? Hat er in seinem Leben Aufgaben erfüllt? Sprich mit ihm darüber, was für ihn das Leben bedeutet. Dann wirst du sehen, kommt ihr irgendwann in ein religiöses Gespräch, bei dem die Frage nach dem Opium fürs Volk überhaupt keine Rolle spielt. So kommt ihr schnell auf die Frage: Was glaubst du wirklich?«

Die Frage nach dem Jenseits ist nicht in erster Linie die Frage, ob ich an eine jenseitige Welt glaube, sondern ob ich das Jenseits der Dinge sehe. Ob ich einer Blume auch ihr Jenseits ansehe: Nämlich ihre Herkunft, ihren Auftrag, ihre Strahlkraft, ihre Schönheit, ihre Fähigkeit, mich zum Staunen zu bringen, ihre Erholungskraft und schließlich auch ihre Opferkraft: Sie wird abgeschnitten und einem anderen geschenkt. Oder sie verblüht und bringt Frucht hervor, damit es auch in Zukunft noch solche Blumen gibt. Für mich ist das Jenseits ein Mysterium, ein Geheimnis. Ich meine das nicht im Sinn von mysteriös. Sondern eher: wertvoll, verborgen, fein, lebendig, ansprechend, anziehend, verlockend, aufschlussreich. Das Jenseits stellt an mich die Frage: Bin ich dazu fähig, jene Realität zu entdecken »hinter« oder »in« den Dingen, sei es nun zeitlich-stofflicher oder auch gedanklicher Art. In der ganzen Diskussion um Wissenschaft und Glaube pflege ich etwa zu sagen: »Und wenn wir alles erforscht haben, wirklich alles:

Was ist, wenn es etwas Unerforschbares gibt, was uns die Möglichkeit zur Erforschung gegeben hat?«

Es geht beim Reden über das Jenseits um unsere Fähigkeit zur Kontemplation: Die Fähigkeit der Seele, durchzublicken und das Vorläufige aller Erkenntnis zu erkennen und sich dem Sinnen (mit allen Sinnen!) über den Sinn hinzugeben – was übrigens viel mehr ist als Nachdenken, oder besser: vor allem das nicht ist: Nachdenken.

Ich habe manchmal den Eindruck, dass viele Menschen, die sich mit dem Glauben beschäftigen und über das Jenseits nachdenken, noch die längst überkommene Vorstellung vor Augen haben: Es gäbe eine Erdscheibe, über der sich ein Himmel wölbt und unter der die Hölle ist. Die meisten Menschen stellen sich das Jenseits sehr real vor. Real im Sinne von materiell. Und schieben das mit Recht weit von sich. Schade.

Bei manchen ist die Vorstellung von Jenseits zeitlich geprägt. Ich habe einmal einen bösen Brief bekommen, weil ich in meinem ABC des Christentums (erschienen in der Frankfurter Neuen Presse im Jahr 2010) geschrieben hätte: Ewigkeit – da geht es nicht um unendliche Zeit. Der Briefschreiber meinte dagegen: Natürlich geht es um unendliche Zeit! Ich erwiderte: Nein, es geht vielmehr um eine Beziehungsqualität. Da, wo die Zeit wie im Fluge vergeht, da ist Ewigkeit. Da, wo ich nicht spüre, wie die Zeit vergeht. Da, wo ich der Zeit enthoben bin. Das bin ich etwa, wenn ich in Gottes Armen bin. Weil ich ihm so nahe bin, bin ich da der Zeit enthoben. Die Ewigkeit trägt auch noch einen anderen Aspekt in sich. Den des wunschlosen Glücklichseins. In der Gegenwart ist es doch so: Wenn uns ein lang gehegter Wunsch erfüllt wird, macht er uns eine Weile glücklich, ein paar Stunden oder Tage vielleicht. Aber danach war es das dann mit der Freude und dem Glück. Und alles fängt von vorne an. Ewigkeit ist anders. Ewigkeit ist Nicht-mehr-Wollen. In der Ewigkeit sehnt man sich nicht ständig etwas Neues herbei. In der Ewigkeit ist man gesättigt an Gutem. Man ist nicht vollgefressen, sondern gesättigt an Gutem. Deshalb hat das Jenseits für mich mit Vertröstung überhaupt nichts zu tun. Weil ich weiß, dass diese Welt einen Sinn hat, einen Hintergrund, eine Herkunft, weil ich ahne, dass ein Lied in allen Dingen schläft (so ein Gedicht von Eichendorff), mich die Gewissheit erfüllt, in Gottes Händen getragen zu sein, deswegen ist mir diese Welt nicht fremd und feind – und liebe sie. Arbeite in ihr. Will sie gestalten nach dem, was Gott in sie hineingesteckt hat. Sie ist mir als meine Familie zur Seite gestellt. Franziskus von Assisi nennt alle Geschöpfe Geschwister, Sonne und Mond, Erde und Kräuter und sogar Krankheit und Tod.

Die negative Sicht in Sachen Jenseits teile ich überhaupt nicht, die da sagt: Weil ich es nicht aushalte in meinen Umständen, deswegen glaube ich an das Jenseits. Das habe ich auch noch nie so gehört. Und wer sagt, die Entrechteten würden sich unbewusst damit trösten, hat nicht gerade eine sehr hohe Meinung von ihnen. Bis jetzt habe ich zumindest die Erfahrung gemacht: Die Menschen, denen es wirklich dreckig geht, das sind doch diejenigen, die am ehesten daran zweifeln, dass es ein Jenseits gibt. Natürlich: Wenn es hier auf Erden furchtbar ungerecht zugeht, dann tröstet der Gedanke an eine Gerechtigkeit im Jenseits, nach dem Motto: »Der wird irgendwann schon noch merken, was er mir da angetan hat.« Der Gedanke hilft, wenn wir auf der Welt keine Gerechtigkeit finden. Das ist keine Vertröstung. Eher eine Hilfe, sich nicht festzubeißen in aussichtslosen Situationen und einen realistischen Blick für die Möglichkeiten zu bekommen. Gemäß dem Gebet: »Herr, lass mich erkennen, was ich ändern kann, und hinnehmen, was ich nicht ändern kann.« Wer möchte sich nicht für die Gerechtigkeit einsetzen? Aber wir sind sehr endliche Menschen und sind längst nicht zu allem in der Lage. Darum überlasse ich im Letzten alles der Gerechtigkeit Gottes. Weil es mich wieder frei macht, mich den kleineren Dingen zuzuwenden und zu tun, was ich tun kann. Es entlastet mich auch. Ich bin nicht für alles zuständig.

Der Blick für das Wesentliche, das Jenseits der Dinge, macht frei von dem, was so oft als logisch und zwingend daherkommt. Deutschland hat sich deswegen für die soziale Marktwirtschaft entschieden. Sie ist eine sinngeleitete Zähmung von blinden mathematischen Gesetzen und ökonomischen Interessen. Ich glaube, dass dem analog es auch eine soziale Medienwirtschaft geben müsste: Man darf nicht alles zeigen, was Quote macht. Medien müssen der Sinnfindung, dem freien Spielgeist des Menschen dienen. Sinnhaftigkeit als Kriterium für Fernsehprogramme, und nicht die Einschaltquote.

Für mich ist auch die Tatsache, dass in unserem Staat das Eigentum dem Gemeinwohl verpflichtet ist, ein Ausdruck der katholischen Soziallehre, die vom Wissen ums dieser Welt ausgeht. Letztlich ist diese Einstellung in der Gesetzgebung zu spüren, wenn wir sagen: »Natürlich wäre es schön, wenn alle alles machen könnten. Aber wir wollen sehr bewusst nicht alles erlauben.« Selbst dass wir uns als demokratischer Staat verstehen, wo der Bürger die Gesellschaft gestaltet, ist ein großes Vertrauen darauf, dass er es auch sinnvoll gestalten wird. Da erleidet man selbstverständlich immer wieder Schiffbruch, keine Frage. Da gibt es immer wieder Schuld, Sünde, Egoismus und Ähnliches. Aber ich glaube, dass wir als deutsche Gesellschaft sehr stark davon geprägt sind, um einen Gestaltungsauftrag füreinander und für die Welt zu haben. Dass es zu einer friedlichen Revolution, zur Wende kam, ist ja christlichen Gruppen zu verdanken: Der Glaube an ein Jenseits, wo Frieden ist, prägt uns mehr, als uns Deutschen bewusst ist.

Daraus ergibt sich ein klarer Anspruch, katholisch: Von Gott her, der Staat sagt: vom Grundgesetz her. Dem sich zu unterwerfen ist Reife, nicht Ausdruck von Entmündigung. Dieser Anspruch bringt uns beispielsweise dazu, zu sagen: Behinderte Menschen werden gefördert. Sie dürfen nicht dem normalen Wirtschaftskreislauf unterworfen und nur nach ihrer Produktivität beurteilt werden. Kranke Menschen dürfen nicht getötet werden, weil sie zu nichts mehr nütze sind. Überbordende Pläne von schnellem Wachstum müssen mit Werten wie Umwelt und Nachhaltigkeit in Einklang gebracht werden. Solche Zähmungen kommen nicht automatisch. Sie brauchen wertgebundene Menschen. Gläubige, die sich einmischen in die Politik. Demokraten, die wählen. Demokraten, die sich zur Wahl stellen. Alles ohne Berechnung. Aus Liebe. Zum Vaterland. Zu den Mitmenschen. Zu Gott. Auf keinen Fall aber aus Lust an den Automatismen des Diesseits.

Dieser Anspruch lässt den deutschen Staat auch sagen: Dass die Kirchen Körperschaften öffentlichen Rechts sind, hat seinen Sinn. Der Staat weiß durchaus, dass er nicht selbst die Grundlagen für sich legen kann. Ich stimme dieser Meinung des Verfassungs- und Steuerrechtlers Paul Kirchhof ausdrücklich zu. Wir können und müssen alle lernen: Der Sinn unseres gesellschaftlichen Miteinanders ist tatsächlich die Gestaltung dieser Welt im Kontext aller Völker auf dieser Erde. Der Einzelne soll nicht für sich allein glücklich werden, sondern in der Gesellschaft, die er mit aufbaut und in deren Aufbau er seinen Sinn finden kann. Auf gleiche Weise kann eine ganze Gesellschaft, ein ganzer Staat nicht für sich allein nach Glück streben. Der Sinn der Gesellschaft in Deutschland ist darin zu sehen, dass wir mitwirken an einem gerechten Aufbau der Welt.

Wir müssen endlich aufhören, im Geldverdienen das höchste Lebensziel zu sehen. Unsere jungen Leute haben das Recht auf höhere Ziele. Wir müssen lernen, diese Welt mit unserem Einsatz nicht nur für uns, sondern für alle Menschen gestalten zu wollen. Das ist ein hoher Anspruch. Und zieht sofort die Pflicht beispielsweise zu gerechten Löhnen nach sich, und zwar nicht nur in Deutschland, sondern überall auf der Welt. Wenn man sich die Sache mit dem Jenseits und dem Anspruch, der sich daraus ergibt, genau überlegt, dann stecken darin sehr weitreichende Konsequenzen – für den Einzelnen, aber auch für die Gesellschaft.

6

Ordnung und Struktur

Die Institution Kirche – Liebe sucht Form

»Ich glaube ... an die eine, heilige katholische Kirche, Gemeinschaft der Heiligen ...«, heißt es im apostolischen Glaubensbekenntnis, dem Einigungsdokument der Christenheit, das seit dem 4. Jahrhundert gilt. Ein Missverständnis macht es vielen schwer, das einfach so zu sprechen. Der Glaube an Gott, den Vater, den Sohn und den Heiligen Geist scheint hier auf einer Stufe zu stehen mit dem Glauben an die Kirche. Und wem dann vor allem die verfasste römisch-katholische Kirche vor Augen steht, der kann ganz irre werden.

Um es klar zu sagen: Wir glauben nicht an eine Institution. So-sehr in den Medien die Kirche mit diversen Vereinigungen und Verei-nen gleichgesetzt wird: Wir sind als Katholiken nicht Angehörige ei-ner Körperschaft, die staatlichen Maßstäben in allem genügen kann. Das Wort Kirche wird im Glaubensbekenntnis anders gebraucht: Nie-mand kann aus dem austreten, was gemeint ist. Papst Benedikt hat deswegen im Herbst 2010 das Kirchenrecht wieder geändert und zu-rückgesetzt in einem wichtigen Punkt: Wer einmal katholisch war, der kann ruhig vor einem Amtsgericht seinen Austritt aus der Kirche er-klärt haben. Er bleibt katholisch und muss, um gültig zu heiraten, bei einem katholischen Pfarrer seine Ehe anzeigen, und er hat auch das Recht auf eine kirchliche Trauung. Durch die Taufe ist er ein für al-le Mal schon hineingenommen in das, was alle noch erwartet: die Gemeinschaft der Heiligen, die hier auf Erden schon ein »Standbein« hat. Ich bin sehr froh, dass ich die orthodoxe Theologie, also das Denken über Gott und Jesus, wie es in Griechenland zum Beispiel üblich ist, kennengelernt habe. Die spricht das viel deutlicher aus als die römische Kirche. Gott sei Dank lernt die römisch-katholische Kirche viel von ihr.

Mir ist es deshalb lieb, im Glaubensbekenntnis über die Kirche in der überlieferten Weise ein Glaubenswort zu sagen. Das Bekenntnis folgt nämlich dem Wort über den dreifaltigen Gott. Um den geht es in einer Weise, die der eigentliche Grund ist für viele, dem Bekenntnis zur Kirche nicht zu folgen. Es geht um die leichte wie schwere Wahrheit, dass Gott nicht fern ist. Positiv gesprochen: Dass er nah ist. Näher. Am nächsten: Nämlich wesenhaft in der Welt. Dass die Liebe Gottes sich eine Form gesucht hat: Diese Welt. Den Menschen Jesus. Und dies so untrennbar, dass die Welt durch die Auferstehung Jesu wesenhaft beim Vater ist und im Grunde schon erlöst ist – wenn auch noch nicht ganz. Die »eine, heilige katholische Kirche« zu bekennen ist deshalb ein Glaubensakt, der notwendig ist, will man dem Evangelium folgen: Es geht darum, erstens die Welt als wesentlich zu Gott gehörig zu qualifizieren, und zwar deswegen, weil der Sohn beim Vater ist als einer, der ganz in der Welt war. Und zweitens umgekehrt Gott als wesentlich zur Welt gehörig zu qualifizieren, weil der Sohn in der Welt ist durch den Heiligen Geist. Die Folge: Die eine katholische Kirche.

Leider haben die liturgischen Bücher der evangelischen Gemeinschaften das Wort »katholische« aus dem alten Einigungstext ersetzt durch »christliche«. Die Änderung an diesem Punkt des alten Einigungstextes kommt nicht von ungefähr. Hier liegt der Knackpunkt im ökumenischen Gespräch. Einerseits ist man sich einig: Die katholische Kirche ist das Werk des Heiligen Geistes. Weltweit. Offen. Gottnähe zur Welt. Weltnähe zu Gott. Dann aber: Als Katholik bin ich davon überzeugt, dass dies von Jesus auch sichtbar gemacht werden will in dieser Welt, dass er seine Jünger nicht zu einen Vorsitzenden oder eine Vorsitzende eines Weltanschauungsvereins bestimmen wollte. Er heiligt alle, doch fordert er auch dazu auf, sich in gewissen Formen als seine einige Jüngerschar in der Welt zu präsentieren. Wie er seine Gemeinden heiligt, so heiligt er auch jene, die sie führen. Von Anfang an hat sich die Gemeinschaft der Glaubenden in der heiligen Gemeinschaft ihrer Vorsteher, die sie untereinander hatten, aufgehoben gewusst. So fehlerhaft diese Menschen auch sein mögen: Jesus will unter uns sein, gebunden an die Seinen, gebunden an eine Struktur, deren Herr und Schöpfer er selbst ist.

Dass eine sichtbare Gemeinschaft von Jesus geschaffen und in seiner Wahrheit erhalten wird, setzt voraus: Das Heilige ist dem Weltlichen aufs Engste verbunden. Jesus gibt seinen Gläubigen eine Struktur, die dauerhaft vereint. Und verpflichtet. Er ist so sehr daran interessiert, dass er selbst in der Eucharistiefeier für alle das Brot bricht, die sich zu seiner Struktur hinzuzählen. Damit lässt er dauerhaft gegenwärtig werden, was er am Kreuz für die Menschheit tat. Logische Konsequenz: Wer nicht zu dieser sichtbaren Struktur zählen will, möge ihm außerhalb auf der Spur bleiben und dort nach eigenem Sinn sein Brot essen. Bis der Geist die eine Struktur schafft, die dem Willen des einen Herrn entspricht und zu der alle ihr Ja sagen können.

Welche Struktur braucht die Kirche heute? Braucht sie so viele Verwaltungsebenen und Funktionsträger? Ob sie die so braucht, wie sie im Moment besteht, scheint mir fraglich. Vatikan, Museen, Dome, Generalvikariate, Pfarreien – das ist in gewisser Weise typisch katholisch. Gläubige weltweit fühlen sich untereinander verbunden, und sie fühlen sich genauso verbunden mit Gott. Weltweit hat die katholische Kirche eine solche soziale Struktur, ein reales Netzwerk. Jeder Katholik gehört einer Diözese an, die immer einem Bischof unterstellt ist. Die Bischöfe wiederum sind dem Papst zugehörig. Das ist gut so. Anarchie hat noch niemandem geholfen. Doch sehe ich auch, dass sich einmal gewachsene Strukturen auch schwertun, sich zu verändern. Sie werden zu einer Ideologie, die nicht mehr der Liebe eine Form geben, sondern eine Form sind, die der Liebe keinen Weg mehr weisen.

Hier ist die Kirche meines Erachtens gerade in Deutschland in besonderer Weise in Frage gestellt. Die Ordnung der Gesellschaft in Deutschland verliert gerade mit Blick auf die Austrittszahlen von Partei- wie Gewerkschaftsmitgliedern rasant an Zusammenhalt. Wie aber soll Deutschland einig Vaterland sein, ohne Motivation der Mitglieder der Gesellschaft, daran mitzuwirken? Wir verkommen zu einem Selbstbedienungsladen, in dem das Billigste grade gut genug ist, wo Geiz geil ist und jeder sich selbst der Nächste. Hier wäre das Katholische gefragt, der Zusammenhalt der Christen, die sich nicht fragen: »Wie kann das bleiben, was ist?«, sondern: »Wie können wir miteinander gestalten, was wir haben?« Das fröhliche Ja zu einer Ordnung des Geistes, zur Form, ohne die keine Liebe von Dauer ist, muss unsere Gesellschaft neu erreichen. Ich gäbe viel darum, wenn das Behakeln wegen Seitenfragen unter Katholiken endlich aufhörte und wir schlicht und einfach wieder täten, was ein Adolph Kolping tat, was Nikolaus Groß oder Franz Hitze vollbrachten, ein Kardinal Frings den Menschen gab: Augenmaß für sich und die Mitmenschen. Tatkraft und kritischen Sinn, der Mut macht, sich einzusetzen. Der Mut macht, lieber eine Tat zu tun, als von tausend Ideen zu schwärmen. Der Liebe eine Form zu geben.

Laien, Ordensleute, Priester – Christenspezialisten

Die Katholiken halten die Christgläubigen, die sie sind, für die wichtigsten Träger der Kirche. Bevor einer von Papst, Bischof oder Priester redet, muss von denen geredet werden, die die Kirche tragen: alle Christgläubigen. Die Kirche wäre arm dran, gäbe es nicht die sogenannten – ich muss das Wort jetzt sagen – Laien. Das Wort mag ich übrigens überhaupt nicht gerne, denn es setzt die Menschen als irgendwie unwissend herab. Zunächst einmal sind die Angehörigen der römisch-katholischen Kirche ein Volk von Christgläubigen. Das sind alles Experten: Im Lebenswissen. Im Sauerteigsein. Sie spielen die Hauptrolle im Gottesreich. Im römisch-katholischen Kirchenrecht ist explizit sehr viel von Christgläubigen die Rede. Ein Wort, das wir in Deutschland kaum gebrauchen, weil es uns so fremd vorkommt. Mir gefällt dieses Wort sehr gut. Es ist die Grundlegung der Kirche, ihr wesentlicher Kern, dass sie eine Gemeinschaft von Christgläubigen ist.

Aufrüttelnd ist der Glaube an die Auferstehung, der Glaube, dass wir durch Christus in der Taufe hineingenommen sind in den Weg der Welt hin zur Vollendung. Wo immer es auch nach Bruchstück aussieht, nach Hoffnungs- und Aussichtslosigkeit, sind die Christgläubigen jene, die mitten in der Welt an Christus denken. Er holt uns aus dem Grab der Depression, aber auch aus dem wirklichen Grab heraus und führt uns durch die Zeit, führt uns zum ewigen Leben. In der Beerdigungsliturgie heißt es: »Wir haben hier keine bleibende Stätte, darum suchen wir die zukünftige. Darum geleiten wir den Leib unseres verstorbenen Bruders zu Grabe.« Die Prozession, die sich daran anschließt, ist eine sinnbildliche Prozession, die deutlich macht: Wir müssen in unserem Leben nicht nur unsere Verstorbenen zu Grabe tragen, sondern noch sehr viel mehr. Und die Christgläubigen – dafür steht die Kirche – sagen: »Ja, lasst uns vieles begraben, denn Gott macht Auferstehung möglich. Wir sind ein gläubiges, hoffnungsvolles Volk, das der Welt das Licht der Welt zeigen will.« Deshalb heißt die Kirchenkonstitution auch »Lumen Gentium«, Licht für die Völker. Das ist für mich grundlegend. Und ich gäbe was darum, wenn man viel weniger Papst und mehr Kathrin von nebenan zeigen würde, die Morgen für Morgen als Christgläubige dem verwahrlosten Nachbarn einen Kaffee bringt mit einem duftenden Brötchen.

Dass dieses Volk bestimmte Dienste und Ämter hat, ist wichtig. Es sind aber Dienstämter, die dafür sorgen müssen, dass das funktioniert, was ich oben gesagt habe. Die Medien und die Wahrnehmung der Öffentlichkeit konzentrieren sich aber nicht auf die Gemeinschaft der Christgläubigen. Sondern sie konzentrieren sich auf die, die am wenigsten in diesem Volk vertreten sind, die kirchlichen Amtsträger. Das sind nun mal der Papst, die Bischöfe, die Priester. Sie machen nur einen Bruchteil dieses großen Volkes Gottes aus. Aber gerade weil sie so wenige sind, zeigt man sie besonders gerne. Dass aber die Kirche letztlich gebildet wird von den Laien und dass die Kirche das ist, was die Laien daraus machen, wird völlig vergessen.

Die römisch-katholische Kirche will Einheit zeigen. Darum ist sie, sind wir strukturiert. Bei uns geht es nicht demokratisch zu. Daran stoßen sich viele. Denen sag ich bisweilen: Wie der Vorsitzende einer Partei gefunden wird, halte ich auch nicht gerade für demokratisch – was soll ein Parteitag denn machen, wenn ihm nur ein Kandidat präsentiert wird (o.k., ich weiß, wenigstens darf da gewählt werden …). Katholiken wählen sich Pfarrer und Bischöfe nicht aus. Bei aller Kritik an manchen Findungsprozessen, wie Bischöfe und Pfarrer schließlich ernannt werden: Zunächst einmal bejahe ich das Verfahren. Es steht im Widerspruch zur Hybris der menschlichen Person, die ja so gern alles selbst bestimmen will: Die Oberen werden uns einfach vorgesetzt. Das ist nicht von ungefähr. Da soll nämlich einer in der Mitte der Gemeinde oder Diözese stehen, um den anderen zu zeigen, dass das Evangelium nicht unsere Erfindung ist. Darum sehen Katholiken ihre Priester und Bischöfe als Gabe Jesu, des Mannes des Evangeliums. Dass dies keine heiligen und sündenfreien Personen sind, habe ich bereits beschrieben. Sehr wohl aber sind sie als Bild für Jesus in die Mitte der Gläubigen gestellt. Sie tun hoffentlich einiges, um das auch mit ihrem Leben zu zeigen, aber die Vorbildfunktion kommt nicht aufgrund ihrer Leistungen und ihres tadellosen Lebenswandels, sondern kraft ihres Amtes und ihrer Begnadung.

Zum Katholischen gehören auch die Ordensleute. Sie haben keinen Platz in der kirchlichen Struktur, es sei denn, die Priester unter ihnen sind als Pfarrer eingesetzt. Die Schwestern und Brüder sind von Jesus berufen, wie er ohne persönliches Eigentum, in Gehorsam und in keuscher Ehelosigkeit zu leben. Sie sind heute wie gestern Pioniere und sprechen den Rahmen in der Art, wie sie leben, sie sich einsetzen, und auch, wohin sie überall ausgeschwärmt sind. Sie dringen in Gebiete vor, in denen sonst keiner auf Gott hinweist. Sie engagieren sich in Mission, sozialer Arbeit, Bildung und Forschung. Sie bieten in den Klöstern Rückzugsorte für Menschen, die beten und nachdenken wollen – etwa in Form von Exerzitien. Mehr denn je sind solche Orte heute in unserer schnelllebigen Zeit gefragt.

Da im Moment viel über Priester, Laien und Kirche diskutiert wird, auch innerkirchlich, will ich noch eine persönliche Erfahrung einbringen: Während der Liturgie der Priesterweihe heißt es: »Hochwürdiger Vater, die heilige Kirche bittet dich, diese Männer zu Priestern zu weihen.« Der Bischof fragt den Vorschlagenden: »Glaubst du, dass sie würdig sind?« Und der antwortet: »Das Volk und die Verantwortlichen wurden befragt, und ich bezeuge, dass sie sie für würdig halten.« Darauf der Bischof: »Mit Gottes Hilfe erwählen wir euch zu Priestern.« Und die Gemeinde daraufhin: »Dank sei Gott.« Ich habe das damals ganz gut gehört und geglaubt: Die Leute haben mich ausgesucht. Letztlich sind die Christgläubigen daran »schuld«, dass ich Priester bin. So sehe ich es bis heute, auch wenn ich weiß, dass es in der Realität anders zuging bei mir. Und zugeht bei Priesteramtskandidaten heute. Die Liturgie hält eine alte Praxis fest. Sie erinnert sich: Priester zu suchen und zu finden, das war Aufgabe der Gemeinde. Sie hatte Ausschau zu halten nach denen, die Jesus Christus als seine Priester in der Kirche haben will. Man muss geradezu eine Suchbewegung annehmen, wie wir sie heute kennen, wenn ein neuer Vorsitzender oder ein Vorstandsmitglied in einem alteingesessenen Verein gesucht wird. Oder im Pfarrgemeinderat.

Mir ging es mit dem Priesterwerden allerdings so wie vielen Laien, die in der Kirche mitwirken. Da war zuerst ich mit meinem Wunsch,

Priester zu werden. Laien sagen: »Ich will Lektor werden. Oder Gruppenleiter.« Ich selbst wurde mit meinem Wunsch im Orden gefördert. Niemand hatte etwas dagegen. Ob sie direkt etwas dafür hatten? Das war damals gar kein Thema, frei nach dem Motto: »Der will das. Der scheint geeignet. Also lassen wir ihn.« Diese – pardon für den Ausdruck – Wurstigkeit im Umgang mit der Berufung kennen auch viele Laien. Man begegnet ihnen mit der Einstellung: »Die haben da ja Spaß dran; bitte sehr, wenn die es wollen ...« Oder noch schlimmer: »Die haben es vermutlich nötig, wollen sich wichtig machen.« Ein Journalist brachte diese Schieflage im Gespräch über meine Jugend so zum Ausdruck: »Und dann wollten Sie in der Kirche Karriere machen.« Damit offenbart er, wie Priester gemeinhin gesehen werden: Als Leute, die aus sich heraus und vermutlich mit kruden Motiven den Weg zum Amtspriestertum eingeschlagen haben, einsame Wölfe, Sonderlinge des Herrn. So sieht das auch manche Heimatgemeinde: Über den, der Priester werden will, redet man höchstens hinter vorgehaltener Hand. Aber sich darüber wirklich freuen? Und mit ihm sprechen? Warum auch?

Laien, die sich einsetzen, geht es nicht anders. Man beargwöhnt ihre Motive. Liturgische Freudenfeiern zur Bestellung von Kommunionhelfern, Gruppenleitern, Pfarrgemeinderäten gibt es kaum. Warum auch, wo »die sich doch freiwillig dafür gemeldet haben«? Uns ist der Glaube abhandengekommen, dass Jesus seine Kirche durch die Kirche aufbaut. Es fehlt an Berufungsbewusstsein. Wir wissen gar nicht mehr, dass zu jeder Art von Dienst niemand sich selbst die Würde herausnehmen kann. Und darf. Wir brauchen wieder Gemeinden, die selbst eine Vielfalt an Diensten wollen, die überdies sensibel sind, wer für welchen Dienst wohl von Christus ausgestattet wurde, und die sich außerdem eine Struktur gegeben haben, mögliche Kandidaten nach einer Phase des Betens und der Diskussion anzusprechen.

Und dann kommt als letzter und entscheidender Punkt hinzu: Diese bewährten Männer und Frauen sollte man nicht für sich suchen. Der Suchprozess wird am leichtesten angestoßen von Anfragen aus anderen Gemeinden für deren Bedürfnisse. Es braucht Schreiben aus Pfarrgemeinderäten an andere Gemeinden: »Sendet uns bewährte Männer und Frauen aus Eurer Mitte, die unsere Familien auf die Taufe vorbereiten, auf die Erstkommunion, auf die Firmung, auf die Ehe, auf die Beichte. Schenkt uns aus Eurer Mitte zwei, die uns an einem Abend erzählen, wie begeistert sie von der Bibel sind.« Diese Anfragen wären auf der Ebene der Ortskirche das, was die Weltkirche schon lange tut: »Sendet uns Missionare. Schickt uns Experten in Sachen Glauben.«

Was Ordensobere tun oder Bischöfe – nachsehen, ob sie welche haben, die sie senden können –, müssen jetzt Gemeinden tun: Wen senden wir ins Nachbardorf? Wen erbitten wir von dort? Denn das ist der rote Faden der Missionierung der Kirche immer schon gewesen: Man lädt sich Fremde ein und zieht in die Fremde aus, um den Glauben zu vertiefen. Und wen sendet man? Man sendet probate Christgläubige, Laien und Priester. Davon hat sich die Kirche hierzulande weit entfernt. Es hat sich eine bequeme Versorgungsmentalität eingestellt, die verschiedene Ursachen hat. Als ich Ende der 80er-Jahre in die Gemeindearbeit kam, war ich voller Elan: Das Evangelium wollte ich verkünden. Das nahe Reich Gottes war mir wichtig. Eltern sollten mit mir neu Freude am Glauben finden mit ihren Kindern. Ich wurde schnell gestoppt: Die Leute wollten einen Pater haben. Der sollte die Messe in maximal 45 Minuten gelesen haben und bei der Beerdigung im Dorf auf keinen Fall zu persönlich werden. Gefragt war nicht der Verkünder, sondern einer, der weitermacht mit dem, woran man gewöhnt war. »Mitmachen? Warum? Die Priester werden doch dafür bezahlt!«, hieß es nicht nur einmal. Das alles hat seine Ursachen.

Schlimmste Folge davon: Die Gemeindemitglieder halten sich für Laien im schlechtesten Sinn des Wortes. Wie in einer Laienspielschar. Sie hätten ja nicht Theologie studiert, sagten mir Gläubige, die ich bat, zu zweit Eltern auf die Taufe ihres Kindes vorzubereiten. Aber, so entgegnete ich ihnen, sie hätten doch das Leben studiert. Und das mit gläubigem Herzen. Ich gäbe viel darum, wenn ich einen anderen Begriff gebrauchen könnte, der nicht so abwertend klingt wie der Begriff »Laie«. Gemeindereferenten, Pastoralreferenten sind auch schon für die »Laien« keine »richtigen« Laien mehr. Und werden verbucht unter: »Dann sollen die das jetzt machen.« Auf diesem Weg wird die Kirche in Deutschland nicht weiterkommen. Wir brauchen einen neuen Willen, »laici probati« zu suchen und zu bestimmen. Die Funktionäre in den Gemeinden und Verbänden müssen sich fragen lassen: Wer hat sie wirklich gewollt? Eine Pfarrgemeinderatswahl, an der nicht einmal zehn Prozent der Gemeinde teilnehmen – was bedeutet das? Gibt es wirklich keine gottsegneten Probaten, für die es sich lohnt, zur Wahl zu gehen? Klären wir doch erst einmal unter uns im Pfarrgemeinderat, im Kirchenvorstand, in der Frauengruppe oder KJG-Gruppe, wen wir in unserer Mitte als Gottesgeschenk ansehen. Wenn wir so anfangen zu fragen, könnte sich daran die Frage anschließen, ob es auch den einen oder anderen gibt, den wir ansprechen und den wir vorschlagen könnten, Priester zu werden – vorausgesetzt, wir haben geklärt, ob wir als katholische Christen überhaupt Priester wollen.

Wir müssen lernen, »laici probati« zu wollen. Der Beerdigungshelfer aus dem Nachbarort, die beiden gebetserprobten Landwirte, die 20 Kilometer anreisen, um einen Gebetsabend mit uns zu halten, das Ehepaar aus der Nachbardiözese, das wir gebeten haben, unsere Jugend in Fragen von Liebe und Freundschaft zu unterrichten. Wir müssen aus der Haltung herauskommen, in der wir Pfarrer oder Priester oder Hauptamtliche wie eine Art auferlegte Beschränkung sehen. Suchen wir nach Getauften und Gefirmten, die zu uns kommen, um uns zu ermutigen. Diese Suche wird den Blick wieder öffnen, wozu es Diakone, Priester und Bischöfe gibt, Pastoralreferenten und Gemeindereferenten. Sie haben so wie wir etwas mit Gott – Jesus – Heiliger Geist – Kirche – Gemeinde – Himmel und ewigem Leben zu tun. Je mehr wir das verstehen, desto probater werden wir für eine lebendige, vielfältige Kirche im Dienst für die Welt.

Übrigens geht diese Haltung »Ich bin ja nur Laie« auch bei engagierten Gemeindemitgliedern ziemlich weit. Wenn ich zur Aushilfe in Gemeinden komme, lese ich mit den Lektoren gern die pastorale Einführung vorn im Messbuch. Zum Thema Fürbitten steht dort: »Bei den Fürbitten vollzieht das priesterliche Gottesvolk seinen priesterlichen Dienst.« Da werde ich immer mit großen Augen angesehen, wenn ich sage: »Ich hoffe, Sie haben sich gestern überlegt, was in den letzten Tagen im Dorf los war und was wir heute klagend, bittend vor Gott bringen wollen?« Darum geht es. Wir brauchen nicht irgendwelche vorgeschriebenen, vorgefertigten Fürbitten. »Herr Pater, haben Sie Fürbitten mitgebracht?« – Bei dieser Frage liegt mir immer die Erwiderung auf der Zunge: »Leute, das ist doch nicht *mein* Job. *Ihr* müsst doch wissen, was ihr hier beten wollt!« Das spreche ich natürlich nicht überall laut aus, weil manche Leute damit überfordert sein könnten. Oft aber sitzen die Menschen in der Kirche, und es wird für den Weltfrieden gebetet, und mancher fragt sich: Was bete ich hier um den Weltfrieden, wenn bei mir zu Hause der größte Unfriede herrscht?

Deswegen glaube ich, dass wir neu wiederentdecken müssen, dass Gottesdienst und Gebet Aufgabe aller Christgläubigen ist. Eine Pfarrgemeinderatssitzung muss sich darum kümmern, dass jeden Abend in der Kirche die Vesper gebetet wird. Es kann doch nicht sein, dass in der Kirche nicht gebetet wird, etwa morgens, wenn die Kinder in den Schulen lernen. Da muss es doch fünf Leute geben, die zur gleichen Zeit für die lernenden Kinder beten. Natürlich sind die Laien auch so erzogen worden, dass sie nichts tun dürfen, wenn der Priester es nicht sagt. Die Laien haben manchmal das Gefühl, sie dürften die entscheidenden Dinge nicht. Aber wir müssen als Kirche wiederentdecken: 99 Prozent dessen, was die Kirche tut, können alle Christgläubigen. Wir müssen uns nur mal überlegen, ob wir das wirklich wollen. Da wir aber – auch da wieder typisch deutsch – recht autoritätshörig sind, tun wir nur das, was die Priester wollen. Und wenn dann manche Pfarrer bestimmen, dass nichts ohne ihre Zustimmung geschehen darf, kommt das gesamte Gemeindeleben zum Stocken. Doch um alles und jedes kann sich der Pfarrer nicht kümmern, schon gar nicht, wenn er gleich für mehrere Gemeinden zuständig ist. Ich glaube allerdings nicht, dass ein Pfarrer etwas dagegen hätte, wenn sich ein Grüppchen von Gläubigen jeden Morgen zu sechst zu den Laudes in der Kirche versammeln würde. Läuten Sie ruhig jeden Morgen um halb neun die Glocken und laden Sie zum Morgengebet ein.

Zu der Frage, ob die Laien bei einer Wortgottesdienstfeier auch die Kommunion ausgeben sollten, meine ich: Wer Christ ist, will sonntags die Auferstehung feiern. Jede Gemeinde muss sich überlegen, wie sie das tun will, gerade wenn kein Pfarrer verfügbar ist. Wir können hier viel von den evangelischen Christen lernen, die die Vollgültigkeit Christi in seinem Wort begehen. Der liturgische Reichtum einer Wortgottesdienstfeier ist ja noch gar nicht ausgeschöpft. Die meisten Katholiken haben das Gefühl, ohne Eucharistie fehlt ihnen etwas. Aber genau deswegen sollten sie in einen Wortgottesdienst gehen: Weil ihnen dort etwas fehlt. Eine Gruppe von Leuten, die zusammenkommt und sagt: »Wir feiern hier in Gemeinschaft mit der ganzen Kirche den ersten Tag der Woche als den Tag, an dem Christus auferstanden ist. Wir hören die Lesungen und preisen Christus in seinem Wort.« Meiner Ansicht nach gehört da keine Kommunionfeier hin. Sie würde den Wert einer Wortgottesdienstfeier verdunkeln.

Viele meinen ja: »Wenn keine Kommunion gefeiert wird, dann ist es noch nicht feierlich genug, noch nicht fromm genug.« Wenn aber Wortgottesfeiern von Missionaren gefeiert werden aus der übernächsten Gemeinde, kann das sehr wohl ausgesprochen feierlich und fromm werden. Angenommen, da kommt ein Ehepaar aus einem Dorf 15 Kilometer weiter und feiert mit der Gemeinde eine Wortgottesfeier. Die beiden Fremden machen einer Gemeinde deutlich, dass sie tatsächlich in einen größeren Zusammenhang eingebunden ist. Der Empfang der Kommunion ist das eine, wonach die Menschen sich sehnen. Genauso aber gibt es die Sehnsucht einer Gemeinde – und das völlig zu Recht – zu erfahren, dass sie nicht alleine ist. Diese Erfahrung kann sie machen, indem sie sich Missionare von nebenan einlädt. Sie kann eine neue Lust auf Eucharistie bekommen, indem sie ausprobiert, was an vielfältigen liturgischen Formen möglich ist. Da sind noch längst nicht alle ausgereizt. Den Schmerz, nicht immer die Eucharistie feiern zu können, sollten wir ertragen. In Indonesien hat ein Priester 60 Gemeinden. Das ist schon seit 150 Jahren so. Aber da wächst die Kirche! Wenn man einmal im Jahr Eucharistie feiern würde – zusammen mit einem Pfarrfest –, was wäre das für ein Fest! Deshalb bin ich der Meinung, dass die Kommunionfeier in Wortgottesdienstfeiern nichts zu suchen hat. Man sollte die Eucharistie aber sehr wohl aufbewahren in der Kapelle für die Kranken und Sterbenden, denen man diese Wegzehrung auch außerhalb der heiligen Messe in der Krankenkommunion bringt.

Wenn ich die Laiendiskussion in der katholischen Kirche verfolge, sehe ich viele Parallelen zur weltlichen Gesellschaft: Ich glaube, dass wir in der Gesellschaft einen ganz ähnlichen Prozess haben. Wir müssen jetzt – nach gut 60 Jahren Demokratie – wieder neu lernen, dass der Staat unser aller Staat ist. Der Staat gehört nicht den Politikern. Er gehört auch nicht dem Präsidenten, Bundeskanzler und den Ministern. Er gehört uns allen. Wir haben unsere Verantwortung wahrzunehmen in dieser Gesellschaft. Jeder Einzelne hat da seinen Platz zu suchen. Übersetzt in die Gesellschaft sind die »Laien« zunächst einmal die Bundesbürger. Und dann erst beginnt der Weg, dass jeder Einzelne schaut: Wie können wir unsere Gesellschaft gestalten? Wir dürfen nicht alle darauf warten, dass wir eingeladen werden. Wir sind eingeladen dadurch, dass wir Mitglieder sind. Jeder soll nach seinen Begabungen schauen: Wo und wie könnte er sich einbringen? Jeder sollte sich vor allen Dingen klarmachen, dass er das Recht hat, sich einzubringen.

Zölibat – reich gespannt

Der Zölibat ist in die Kirche eingeführt worden aufgrund des Glaubens, dass die kirchliche Gemeinschaft eine von Gott selbst eingesetzte Leitung hat. Jesus selbst hat Menschen dazu berufen, ihm nachzufolgen. So haben auch die Apostel alles hinter sich gelassen, um dem Reich Gottes zu dienen, das Jesus verkündet hat. Sie sollten ungesichert gehen. Denn – und das gilt auch heute noch – Jesus will ein neues Gottesvolk gründen, das nicht auf Besitz setzt und nicht auf die biologische Fortpflanzung und Erweiterung des Volkes. Jesus gründete eine geistliche Gemeinschaft, die reich ist im Gespanntsein auf das kommende Reich Gottes. Darum sind von Anfang an Menschen in der Nachfolge Jesu dazu befähigt gewesen, auf Besitz zu verzichten und eben auch auf die biologische Fortpflanzung und Gründung einer Familie.

Es hat am Anfang der Kirche immer auch verheiratete Presbyter gegeben. Es gab auch einzelne verheiratete Verantwortliche in der Kirche. Aber schon in der frühen Kirchengeschichte bildete sich heraus, dass kirchliche Ämter – etwa das des Bischofs und Priesters – aus befähigten Männern bestanden, die keine Vernetzung in persönliches Eigentum und in eine persönliche Familie hinein hatten. Die Ehelosigkeit befähigt die Priester, sich ganz und ungeteilt für die geistliche Gemeinschaft einzusetzen. Sie haben das Charisma, ihre Existenz wirklich ganz von Jesus her zu verstehen, um so die Kirche aufzubauen.

Eingeführt wurde der Zölibat aber auch – das muss man der Fairness halber hinzufügen –, um durch mögliche Kinder eines Priesters oder Bischofs einen Erbanspruch auf Kirchenbesitz zu vermeiden. Die kirchliche Gemeinschaft hatte natürlich Besitz angesammelt. Sie hatte gemeinschaftliches Eigentum. Die Priester und Bischöfe waren die Letztverantwortlichen, die sich um die Gemeinschaft selbst und auch um das gemeinschaftliche Eigentum kümmerten. Schnell stellte sich heraus, dass diejenigen, die eine eigene Familie hatten, sich selbstverständlich um ihre eigene Familie als Erstes sorgten. Da kam es schnell zu Interessenskonflikten. So etwas Ähnliches erfahren wir heute in den afrikanischen Ländern. Dort ist – auch bei ehelosen Priestern und Ordensleuten – die Familienbindung sehr stark. Der Eintritt des Sohnes in den Priesterstand oder in einen Orden stößt auf Unverständnis, wenn der Betreffende dann nicht mit den Familienangehörigen teilt, was er dort von der Kirche bekommt. Die Ordensgemeinschaften haben da schon manche leidvolle Erfahrung gemacht. Einzelne Mitglieder haben diese Loslösung von der biologischen Familie fast nicht geschafft, weil sie sich innerlich verpflichtet fühlten, das bisschen Wohlstand, an dem sie durch ihren Eintritt in die Gemeinschaft teilhaben, zu genießen, ohne die arme eigene Verwandtschaft damit bedienen zu können. Wenn man in dieser Familienverpflichtung bleibt und den Ruf Jesu, die Familie zu verlassen, einfach nicht leben kann, kommt es zu klaren Schwierigkeiten, mit dem Kircheneigentum so umzugehen, dass es wirklich ein Eigentum für alle ist.

Das ist aber letztlich eine pragmatische Begründung, die die zölibatäre Lebensform nicht mit einem ausreichenden Fundament versieht. Deshalb muss die geistliche Begründung hinzukommen, die für die Ehelosigkeit des Bischofs eigentlich von Anfang an in der Kirchengeschichte gegolten hat. Die letzten drei Welt-Bischofssynoden haben sich mit großer Mehrheit dafür ausgesprochen, dass weiterhin diejenigen, die als Priester eingesetzt werden, wie die Bischöfe ehelos sein sollen. Die Kirche hat in der Welt, in der wir leben, die Berufung, zu zeigen, dass ihre Fundamente und ihre Wurzeln *nicht* in dieser Welt liegen. Jesus hat eben nicht eine Kirchenfirma gegründet, in der es darum geht, möglichst viel Macht in dieser Welt anzusammeln. Auch da hat die Kirche in ihrer Kirchengeschichte lernen müssen. Aber heute ist klar: Die Kirche will sich auch in der Lebensform ihrer Hauptamtlichen verstehen als eine, die ohne Christus nicht kann. Ein Zölibat ohne Jesus-Beziehung ist sinnlos. Ein Zölibat ohne Kirchenbeziehung ist sinnlos. Umgekehrt gilt dies übrigens auch: Ein Verständnis von Zölibat ohne Jesus-Beziehung ist nicht denkbar. Und ohne Beziehung zum innersten Wesenskern der Kirche schon zweimal nicht. Der Zölibat als Verzichtsleistung ist eigentlich ein Ausdruck des Reichtums, den die Beziehung zu Christus und ebenso die Beziehung zur Kirche schenkt. Wenn ich das Wort Kirche jetzt hier nenne, dann ist damit die geistliche Gemeinschaft gemeint, die Braut Christi, wie die Mystiker sagen. Eine Struktur kann man nämlich und darf man nicht lieben. Wohl aber das Netzwerk, das der Heilige Geist durch alle Völker hindurch länderübergreifend knüpft. Wir sind Zeugen, dass Gott dieses Netzwerk immer noch weiterknüpfen will. Darum hat jede Ortskirche, jedes Bistum auch Diözesanpriester, die als Missionare in die Kirche hinausgesandt werden. Umgekehrt erleben wir auch in Deutschland, dass Priester aus Osteuropa, Indien, Afrika zu uns kommen, die, gerade weil sie keine Familie haben, so unabhängig sind, diesen Dienst auch hier bei uns zu tun. Das ist eine praktische Begründung, die aber diesen geistlichen Hintergrund hat. Es geht um die Verwurzelung der Kirche, um unsere Einwurzelung in den Himmel statt in diese Welt.

Der Zölibat der Priester ist deswegen für viele verständlicherweise ein noch größeres Ärgernis als die keusche Ehelosigkeit der Ordensleute, die ja nicht im strengen Sinne zölibatär (alleine) leben, sondern in Gemeinschaft. Weil wir grundsätzlich zölibatär lebende Priester wollen, machen wir deutlich, dass die Kirche tatsächlich allein von Jesus Christus her lebt. Wir trauen ihm zu, so wirksam zu sein wie einst und uns heute für die schönste Gabe, die Eucharistie, genügend Männer mit diesem Charisma zu schenken. Die priesterliche Spiritualität sollte ein geistliches Leben sein, aus dem der Priester aus seiner Beziehung zu Christus immer wieder neu in die Gemeinde hineintritt. Er wird von dieser Gemeinde getragen, die sich freut, dass sie als Kirche und »Braut Christi«, wie es liturgisch heißt, auf Christus wartet. Das ist, glaube ich, auch die größte Schwierigkeit für Priester heute:

Ihre Gemeinden verstehen sich gar nicht mehr als auf Christus wartende Kirche. Sie glauben gar nicht mehr, dass sie, wie es in der Fastenzeitspräfation heißt, »in der Freude des Heiligen Geistes das Osterfest erwarten«. Damit ist nicht unbedingt das jährlich wiederkehrende Osterfest gemeint, sondern das endgültige Osterfest in der Freude des Heiligen Geistes. Das Osterfest, an dem sich Jesus als auferstandener Herr und als Herr aller Menschen zeigen wird. Ein Herr, der niemanden vergewaltigt, sondern jeden Menschen zur Erfüllung jener Berufung führt, die Gott schon mit der Erschaffung in dessen Herz gelegt hat.

Die Diskussion um den Zölibat ist somit auch eine Diskussion um das Selbstverständnis der Kirche. Ich bin davon überzeugt: Wenn Gemeinden, die keine Priester haben, vor Ort wirklich ihren geistlichen Dienst weiter vollziehen, werden sich unter ihnen auch wieder Männer finden, die bereit sind, Priester zu werden. Wenn eine Gemeinde das Wort Gottes feiert, die Laudes betet, wenn sie Bibelgruppen hat, wenn sie sich ausrichtet auf den kommenden Christus, und ihm dient in einer Caritas für die Armen am Ort, dann entdeckt mancher wieder in sich, dass er von Gott berufen ist, Priester zu werden, um in anderen Gemeinden diesen Höhepunkt des christlichen Lebens, die Eucharistie, zu feiern und das Volk Gottes geistlich zuzurüsten. Ich bin seit 30 Jahren Priester, bin Ordenspriester und habe die Freude, das Charisma der keuschen Ehelosigkeit in einer Ordensgemeinschaft leben zu dürfen, weil es nach dem Ausweis der Bibel ja nicht gut ist, dass der Mensch alleine lebt. Mein Gelübde der Ehelosigkeit wurde mir von Gott sozusagen beantwortet durch die Beschenkung mit einer Gemeinschaft. Doch auch die zölibatäre Ehelosigkeit des Priesters braucht diese Verankerung in einer tiefen geistlichen Gemeinschaft mit der Kirche.

Es ist für junge Priesteramtskandidaten sehr schwierig, diese Berufung zu trainieren, ihr nachzuspüren und gleichzeitig aus ihren Heimatgemeinden und aus dem Freundes- und Familienkreis dauernd zu hören: »Warum machst du das? Wieso tust du dir das an?« Wer so fragt, könnte genauso fragen: Warum tun wir uns das an, christliche Gemeinde zu sein? Warum tun wir uns das an, unsere Feinde lieben zu sollen? Warum tun wir uns das an, uns zum Gottesdienst zu versammeln? Warum tun wir uns das an, in der Bibel zu lesen? Warum soll man sich das eigentlich alles antun? Das sind nicht nur rhetorische Fragen. Mir wird viel zu viel von den Selbstverständlichkeiten des Evangeliums unter dem Vorzeichen der Belastung gesehen, anstatt zu sehen: Es ist eine wunderschöne Berufung, nicht ständig in jeden Konsumtempel rennen zu müssen! Es ist herrlich, nicht jedes Fitness-Studio besuchen zu müssen und nicht tolle Urlaube in weiter Ferne machen zu müssen! Wir können Urlaub machen in unserer Kirche, im Gottesdienst, in der Liturgie. Das wird aber viel zu wenig erfahren. Selbst unter den Gläubigen findet sich diese Einstellung viel zu wenig, sondern im Grunde wird ein vorkonziliares Kirchenbild immer weiter vermittelt: Die Kirche sei eine von Klerikern und Beamten strukturierte Größe. Ja, das ist vorkonziliar! Solange immer wieder darauf herumgeritten wird, so lange werden wir auch nicht junge Männer mit Freude begeistern und zu der Entdeckung bringen können: Ich will dieser Kirche als Priester dienen!

Meine eigene Berufung erfuhr ich, als ich mit 17 Jahren erkannt habe: Die Kirche ist nicht eine hierarchisch verfasste irdische Gemeinschaft, sondern die katholische Kirche ist das von Gott in diese Welt hineingesandte Volk, das in dieser Welt den Menschen verkündet: Wir müssen nicht ständig voneinander abgegrenzt leben. Sünde und Schuld müssen nicht der Schlusspunkt im Leben eines Menschen sein. Es gibt den gnadenhaften Neuanfang für jeden Einzelnen. Das Katholische der Kirche lässt sich entdecken als geistliche Befreiung für den Einzelnen. Und die römisch-katholische Kirche sozusagen als strukturierte Basisstation versteht sich ja so, dass sie genau diese Botschaft der Welt verkünden will. Wir stehen im Dienst einer wunderbaren Befreiungsbotschaft.

Was könnte die Gesellschaft von dieser zölibatären Geisteshaltung und Lebenseinstellung lernen? Wir machen phänomenologisch die Erfahrung, dass zwar alle von der Ehe reden, aber keiner die Ehe will. Die Umfragen sagen deutlich, dass die Männer sich mehrheitlich vor ihrem 35. Lebensjahr gar nicht vorstellen können, sich in der Ehe zu binden. Die Liebe wird als Belastung erlebt. Kinder werden als Belastung erlebt. Der Beruf wird als Belastung erlebt. Es gibt den Druck des Zeitgeistes: Etwas Neues anzufangen ist viel besser. Es wird abgewartet, ob »es« denn noch kommt, das tolle Leben, die beste aller Frauen. Und mit diesem Abwarten wird die zölibatäre Lebensform der Priester als eine freiwillig übernommene Lebensform aus guten Gründen zu einer Lebensform, in der sich andere aus schlechten Gründen unfreiwillig wiederfinden. Aus Angstgründen. Aus Gründen der schlechten Erfahrungen. Aus Gründen der Feigheit. »Ich bleibe lieber ein Single und lebe in wechselnden Beziehungen. Warum soll ich mich festlegen?« Ein zölibatärer Priester mit seiner freiwillig gewählten Lebensweise, existenziell gespannt auf den Reichtum Gottes, sagt der Gesellschaft: Es lohnt sich, nach einem Lebensprojekt zu suchen, das auch Opfer kostet. Es lohnt sich, nach einem Lebensprojekt zu suchen, das der eigenen Person viel abverlangt. Reich, glücklich, zufrieden jedoch macht jemand ganz anderer.

Noch eine zweite Lehre kann die Gesellschaft aus dem Zölibat ziehen: Die zölibatäre Lebensform, die sich – siehe oben – versteht als Bindung an die Kirche und die kirchliche Gemeinschaft, gibt der Gesellschaft den Hinweis, dass die Gründung einer Familie kein Egotrip zu zweit ist, ja selbst zu dritt oder viert nicht, wenn man sich zu Mann und Frau noch ein oder zwei Kinder hinzudenkt. Viele Beziehungen und Familien scheitern an der totalen Glücksüberforderung: Ich muss die superglückliche Ehe führen, eine superglückliche Familie und superglückliche Kinder haben. In dieser Glücksüberforderung kommen viele Menschen keinen Schritt weiter. Und der Zölibat sagt: Ich lebe diesen Zölibat als Bezogenheit auf Gott und auf die kirchliche Gemeinschaft im Dienste einer großen Vision, die sich von Gott her einstellen wird. Da kann ich auch mit Unvollkommenem leben. Jeder sollte begreifen: Gott hat mir mein Leben gegeben, um es in den Dienst einer großen Vision zu stellen. Er hat mich in seine Welt gesetzt, damit ich ihr diene. Ist das erst einmal klar, dann gerät die Ehe als Zielpunkt aus dem Blick. Mann und Frau können sich wieder heiraten, ohne vom anderen etwas für sich zu wollen. Man kann auch Kinder kriegen, ohne von den Kindern etwas zu wollen. Ohne sich daraus die Erfüllung des eigenen Lebenswegs zu versprechen, sondern ganz gespannt zu sein, welches Glück und welcher Reichtum sich im Laufe des Lebens auftun wird beim Gehen des Weges unter der Vision, dass Gott alles Glück schenkt und alles Glück vollenden wird.

Aus der zölibatären Haltung von Priestern und von Bischöfen, aus ihrer Lebensform folgt für jeden Einzelnen die unmittelbare Frage: »Habe ich schon das gefunden, wofür es sich lohnt zu sterben?« Der frühere UN-Generalsekretär Dag Hammarskjöld hat es so ausgedrückt: »Bete, dass deine Einsamkeit der Stachel werde, etwas zu finden, wofür du leben kannst – groß genug, um dafür zu sterben.« Die Gesellschaft hat immer gelebt von großartigen Persönlichkeiten, die sich entschieden für eine Sache eingesetzt haben und die dann auch an dieser Sache drangeblieben sind. Selbst die Parteien und Vereine leben davon. Hier engagieren sich Menschen, die sich ihr eigenes Lebensglück gar nicht anders vorstellen können, als verbunden und vernetzt zu sein mit einer größeren Gemeinschaft. Darunter gibt es auch Single-Personen, die glückliche Singles sind, weil sie ihre Berufung gefunden haben, als Single zu leben in dieser Welt und im Beruf den Menschen zu dienen. Klassisch ist die unverheiratete Lehrerin am Ort, ohne die im Dorf einfach gar nichts geht. Ich finde es fürchterlich, wenn das aus dem Blick gerät.

Der Zölibat in der Kirche mahnt: Die Lösung unserer Probleme kommt nicht aus der Gründung einer Familie. Die Familien sind wunderbar, aber sie sind total überfordert, wenn man sie als Glücksgarant wählt. Wenn ein Mann eine Frau heiraten würde, weil er seine Einsamkeit nicht aushält – das wäre ja furchtbar! Die Sinnsuche darf sich nicht in der Suche nach Partner und Familie erschöpfen. Oder im Kinderwunsch. Das geht garantiert schief! Im Brautsegen für die Eheleute heißt es wörtlich: »Euer Haus sei ein Haus der Gastfreundschaft.« Da wird ausdrücklich darauf hingewiesen, dass die Kirche weiß, dass jede Lebensform, egal ob zölibatär oder in der Ehe, offen ist für die Gemeinschaft drumherum. Wir haben einen Auftrag, wie auch immer wir leben. Und dieser Auftrag gelingt uns nicht, wenn wir uns abschotten. Sondern er kann nur gelingen, wenn man sich öffnet. Für mich hat die Krise des Vereinslebens und die Krise des politischen Lebens, die Nichtbeteiligung an parteilichem Leben, die Weigerung, sich für Wahlämter aufstellen zu lassen, die gleiche Begründung wie letztlich die Krise des Zölibats: Der Glaube, dass Hingabe und Einsatz für die Gemeinschaft zu einer Erfüllung führen können, ist stark rückläufig. Das finde ich sehr bedenklich. Wir sollten in der Bildung schon jungen Menschen immer wieder deutlich machen, dass ihr Leben dann gelingt, wenn sie es wirklich einsetzen für den anderen. Im freiwilligen sozialen Jahr haben wir Ansätze dafür. Die Diskussion um das verpflichtende soziale Jahr für alle geht meiner Meinung nach in genau die richtige Richtung. Junge Menschen müssen lernen, dass der persönliche Einsatz – auch wenn er mühsam ist und Opfer kostet – zu einer Lebenserfüllung führen kann, die viel größer ist, als dem Traum von der optimalen Beziehung nachzuhängen.

In der Diskussion um den Zölibat hört man vor allem von jüngeren Menschen: »Kann man es ohne Sex überhaupt aushalten?« Mir hat einmal ein verheirateter Mann gesagt: Darüber denkt er seit 20 Jahren nicht mehr nach. Er ist jetzt 50 und muss aus dem, wie er sich selbst und seinen emotionalen Haushalt in der Ehe erlebt, einfach sagen: Er versucht, mit seiner Frau ein Leben zu führen, dass dem des zölibatären Priesters zumindest in einer Hinsicht ähnlich ist. Es geht darum, jede Art von Begehren nicht immer sofort zur Erfüllung kommen zu lassen. Gerade da, wo man sich nicht sexuell betätigt, sondern nur die Möglichkeit im Raum stehen lässt, dass es sein könnte, aber nicht muss, kommt es zu einer wirklich schönen Form von Erotik zwischen Mann und Frau. Der Zölibat ist somit auch ein Signal an die Gesellschaft: Überlegt euch, ob ihr euch nicht der freudschen Triebphilosophie anheimgegeben habt. Wer Druck hat, muss ihn abbauen. Wenn ein Mann zu seiner Frau sagt:»Ich hab Druck, und den muss ich abbauen!« Wie furchtbar ist das!

In unserer Gesellschaft hat man sich durch die sexuelle Befreiung von falscher Prüderie befreit. Und das ist auch gut so. Aber ob man damit wirklich schon das Geländer gefunden hat, an dem eine sexuelle Entfaltung des Menschen überhaupt erst gelingen kann, ist aus meiner Sicht sehr fraglich. Es gibt einen guten Grund, nicht sofort zu tun, wozu man gerade Lust hat. Denn das führt letztlich zu nichts. Wie oft hat man Lust, dem anderen einfach eine runterzuhauen, sich schnellstmöglich von einem nervtötenden Menschen zu verabschieden oder ihn fallen zu lassen? Auch in einer Ehe haben Mann und Frau zueinander zu sehr viel Lust. Aber hoffentlich tun sie das nicht alles! Je näher man sich kommt, desto mehr braucht man eine Haltung, die Keuschheit meint. Bei Männern hat man im Mittelalter von Ritterlichkeit gesprochen, von einem Zusammenreißen. Es geht hier nicht um ein verklemmtes»Ich mach mich zu«. Sondern um die Regulierung der eigenen Triebe, Wünsche und Sehnsüchte, gerade weil man sich für den anderen öffnen will. Oder treffender gesagt: Weil man ihn liebt. Und mit ihm gespannt bleiben will auf einen Reichtum an Erfüllung, den die Erde sowieso nicht bieten kann.

Mission – Austausch, der belebt

Dass es bei Mission nicht um einen veralteten Landnahme-Gedanken geht, habe ich in einem früheren Kapitel schon klargemacht. Und auch nicht darum, anderen gegen ihren Willen unseren Glauben aufzuzwingen. Es geht vielmehr um einen belebenden Austausch, von dem alle etwas haben: Die Adressaten der Mission erfahren hoffentlich, wie Jesus Christus ihnen die Augen öffnet für göttlichen Quellen ihrer eigenen Kultur. Und die Missionare lernen im Verkünden das Evangelium mit neuen Augen zu sehen und werden kritischer ihrer eigenen Lebens- und Glaubenspraxis gegenüber.

Die Missionare gehen durch die Welt als Gesandte Jesu. Sie können unmöglich schweigen von dem, was sie gehört und gesehen haben. Oft werde ich gefragt: Was war so anziehend an dem Weg des Glaubens, dass er durch die Jahrhunderte bis heute lebendig ist? Selbst unsere Zeitgenossen, von denen manche glauben, sie seien religiös unmusikalisch, lassen sich von »Melodien« der Gläubigen bewegen. Die Einschaltquoten steigen regelmäßig, wenn ein Fernsehsender Kirchen und Klöster darstellt. Die Beratungsstellen der Kirchen sind überlaufen. Katholische Schulen sind ein Selbstläufer. Aber warum fällt es uns so schwer, auch außerhalb von Geschichtsstunde und Serviceangebot anziehend zu wirken? Wie überzeugen wir unsere Mitmenschen so, dass sie schließlich mit uns schwingen wollen – bis hin zu einem lebendigen Glaubensleben, einer aktiven Mitfeier der Liturgie und einem fröhlichen Gottvertrauen, das mit klaren Maßstäben Wirtschaft und Politik bewegt?

Die Antwort ist einfach: Weil wir selbst zu wenig beschwingt sind, uns zu wenig bewegen. Und wenn, dann drehen wir uns zu sehr um uns selbst. Ansprechend ist das nicht. Es wird eher das ungute Gefühl geweckt, man wolle etwas aufrechterhalten, was es schon längst nicht mehr gibt. Die Kolpinggruppe, dem Gesellenvater Adolph Kolping dem Namen nach verpflichtet, backt Pfannkuchen beim Pfarrfest – ein Geselle steht jedoch nicht an der Pfanne. Die Katholische Arbeiterbewegung sammelt Tannenbäume für ein weltkirchliches Projekt – Arbeitnehmer sucht man bei dieser Veranstaltung aber vergebens. Die Christliche Arbeiterjugend renoviert das Pfarrheim – die mitmachen, stehen kurz vorm Abitur. Der Pfarrgemeinderat organisiert das Pfarrfest – für das geistliche Wort zur Sitzung aber werden exakt drei Minuten eingeplant. Und, ach ja, die Kirche sucht Mitglieder, liest man – vermutlich, so unsere Zeitgenossen, weil sie sonst bald schließen muss. Das alles hört sich nicht nach einer Bewegung an, die in die Zukunft weist. Die Liste leerer und leerer werdender katholischer verbandlicher Aktivitäten lässt sich mühelos mit kirchlichen Aktivitäten verlängern, die eher einer Pflichtübung gleichen: Die Firmvorbereitung läuft so lange weiter wie bisher – bis sich nun wirklich keiner mehr »freiwillig« anmeldet; in der Kirche wird zwar noch Hochzeit gefeiert – vorbereitet wird das Paar auf die Ehe durch nicht mehr als sechzig Minuten Gespräch mit einem von der Kirche. Und so weiter ...

Ob hauptamtlich oder ehrenamtlich: Die Aktiven, die immer weniger und immer älter werden, müssen immer mehr tun, damit es so weiterläuft wie bisher. Wie in einem bestimmten Kloster, wo jeder verstorbene Bruder durch einen Angestellten ersetzt wurde. Und wenn das Geld dafür nicht reicht, helfen Ehrenamtliche, den Schein zu wahren. Das Ende vom Lied: Die Kirche erscheint vielen als ein Verein, der in die Jahre gekommen ist, dem es vor allem um sich selbst gehe und darum, das Gewordene irgendwie am Laufen zu halten. Immer emsiger kümmern sich die wenigen darum, dass etwas ein wenig länger so bleibt, wie es war. Und weil man für den Betrieb des Hamsterrades der eigenen kleinen Welt so viel Energie aufbringen muss, glaubt man gern dem schlechtesten aller Gründe für Aktivität: Ohne mich oder ohne uns geht es nicht weiter. Es besteht die Gefahr, dass die Nächstenliebe als Grundmotor des Handelns der Kirche gefährlich leise durch einen Egoismus abgelöst wird aus Sorge vor allem um sich selbst.

Der Grund für die Hamsterräder der Kirche liegt in dem fatalen Missverständnis, Gemeinde sei das Ziel von Kirche. »Wer mitmacht, erlebt Gemeinde«, hat es in den 70er-Jahren geheißen. Prozesse der Gemeindebildung wurden beraten und gesteuert. Psychotherapeutische Erkenntnisse und Gruppendynamik wurden genutzt, um ein Ziel für die Gemeinde zu entwickeln, was, zu Ende gedacht, auf eine geschlossene Gruppe hinauslief. Häufig sagen mir Gläubige, die von weit her kommend regelmäßig an Veranstaltungen teilnehmen bei uns in Liebfrauen, einer Zentrumkirche in Frankfurt am Main: Ich gehöre aber nicht zur Gemeinde. Ich antworte meistens: Dann gehören Sie auf jeden Fall dazu, denn fast alle, die hier mitmachen, sagen: Ich gehöre nicht dazu.

Das ist der Kirche größter Fehler: Die Kirche erweckt für ihre eigenen Gläubigen den Eindruck, es ginge vor allem um die Zugehörigkeit zu einer Gruppe, zu einer Gemeinde, zu einem Pfarrer, zu einem Bischof. Das geht so weit, dass es soziale Beziehungsnetze gibt, die sich beispielsweise auch dann noch Jugendleiterrunde nennen, wenn die Teilnehmer 40 geworden sind und es gar keine Jugendgruppen mehr gibt. Meine eigene Bekehrung erfuhr ich mit 17. Ein Priester erklärte während Besinnungstagen für Jugendliche, was Taufe bedeutet und wie die Kirche sich versteht: Die Kirche ist kein Staat; es gibt keine politische Hierarchie, und sie ist auch kein Verein. Die Kirche ist vielmehr Ereignis Gottes mitten unter den Menschen. Ihre Charakteristik: Unterwegs zu sein. Ihre Bauten: Nur Niederlassungen. Zelte. Zwischenstationen. Ihr Auftrag: Die hereinbrechende Gottesherrschaft zu empfangen und daraus den Menschen aller Zungen zu verkünden, dass auch sie von Gott gerufen sind. Nicht sich selbst, sondern dem anderen der Nächste zu sein.

Im Kapuzinerorden fand ich eine Gemeinde, bei der es ständig neue Obere gab. Alle drei Monate kamen neue Brüder hinzu, andere gingen. Immer Bewegung. Ich spürte – damals eher unbewusst –, dass das Geschenk Gottes an die Menschen etwas mit dieser Lebensart zu tun hat. Ich wurde Priester ohne Bischofszuordnung; mir machte das lange Kopfzerbrechen. Ich nahm es zunächst persönlich: Im Herzschlag der Liebe Gottes das Volk Gottes sakramental sammeln. Es zurüsten für den Dienst der Heiligung der Welt. Und es wieder auszusenden. Als Ordenspriester unterwegs hielt ich meine Weise priesterlicher Existenz lange für unvollständig. Sollte nicht der Priester eigentlich Vertreter des Bischofs in einer Pfarrei, in einer »Gemeinde« sein? Erst die Lektüre eines Buches (Reinhard Feiter, Hadwig Müller [Hg.]: Was wird jetzt aus uns, Herr Bischof? Ermutigende Erfahrungen der Gemeindebildung in Poitiers, Stuttgart 2010) bekehrte mich. Es ging um den synodalen Prozess im Bistum Poitiers und seine Folgen für die Veränderung der kirchlichen Struktur.

Der Bischof von Poitiers entwirft eine Theologie des Priesteramtes, die mich an mein Lebens als Ordenspriester erinnert: Kirche bildet sich vor allem durch das Hinzutreten des Fremden in ein soziales Gefüge, feiert darin die hereinbrechende Gottesherrschaft in göttlichen Liturgien der Sakramente, öffnet damit den Weg zur Bildung neuer Gefüge und zieht dann weiter. So missionierte der Apostel Paulus, und die iro-schottischen Mönche taten es ihm gleich. Bis ins 17. Jahrhundert hinein wurden die Sakramente zumeist von den Klöstern aus durch Priester in die Ortschaften zu den Gläubigen gebracht. Der Pfarrer im Dorf und installiert als Eigner der Pfarrei ist ein relativ junges Modell von Kirche. In den sogenannten Missionsländern wie Indonesien, aber auch in Ländern wie Albanien oder Brasilien ist der überwiegende Teil der Kirchenrealität, dass der Priester vorbeikommt. Am Ort der Gemeinden wohnen die wenigsten. Die Verantwortung dort trägt ein Kreis von Gemeindegliedern.

Das Umherziehen der Priester vor Ort erinnert an die Inspiration des heiligen Franziskus, der der Kirche durch seine nichtsesshafte Lebensweise im wahrsten Sinne des Wortes Beine machte. Seinen eigenen Orden organisierte er so, dass die Verantwortlichen jährlich ihre Ämter zur Neuwahl ausschreiben mussten. Dieser Wanderradikalismus faszinierte von Anfang an. Mit der Aufnahme der biblischen Symbolwelt zum Thema Wanderschaft in die Texte des Zweiten Vatikanischen Konzils und die Entdeckung der Kirche als Gottesereignis in den Teilkirchen ist der evangeliumsgemäße Glaubens- und Lebensentwurf des Sonnensängers von Assisi, der zu seiner Zeit »anderer Christus« genannt wurde, offiziell zum Leitmotiv der Kirche geworden.

Der umherziehende Wandermissionar kommt immer als Fremder in die Gemeinde. Es ist nicht zufällig ein Fremder, der den Jüngern von Emmaus die Augen öffnet: Das ist Methode (griechisch: methodos = Weg). So wie Menschen nach ihrer Bekehrung mit ihrer Umgebung fremdeln, so brauchen sie ihrerseits Fremde, die in ihre Mitte kommen und ihnen (neu) die Augen öffnen für das, was ihre sozialen und alle anderen irdischen Erfahrungen übersteigt. Der Fremde kommt von außen als Bote des immer außen stehenden Gottes. Das Eintauchen des Fremden in das sozial Bekannte hebt für einen Moment die Gruppendynamik auf und eröffnet einen Freiraum, »richtig« zu reden. Mission ist, so verstanden, Supervision: Unterstützung dabei, auf die Wirklichkeit zu schauen mit Hilfe des Missionars als Supervisor, dem man für eine vereinbarte Zeit erlaubt, Leitung und Arbeitsweise der Gruppe untersuchen und gegebenenfalls verändern zu helfen. Dieses Missionsprinzip des Befremdens einer örtlichen Gemeinde ist in der Kirche unserer Breitengrade gut bekannt: Kein Priester wird in seiner Heimatgemeinde eingesetzt als Kaplan oder Pfarrer. Hauptamtliche pastorale Mitarbeiter gehen ebenfalls in die (Gemeinde-)Fremde. Einem Bistum, sagt man, tue es gut, wenn mal ein Bischof »von außen« kommt.

Dieser schmale Fluss aus der Tradition gehört auf die »Laien« ausgedehnt. Konkret heißt das: Der Pfarrgemeinderat von Gemeinde A schreibt an den Pfarrgemeinderat von Gemeinde E, mehrere Kilometer entfernt: »Bitte sendet uns drei Männer und drei Frauen von untadeligem Ruf, die unsere 24 Erstkommunionfamilien auf das Fest im nächsten Jahr vorbereiten.« Dann würde in E das große Staunen einsetzen. Man würde entdecken, dass man solche Männer und Frauen kennt. (»Ist da nicht im letzten Jahr eine Mutter zugezogen, die den Würzburger theologischen Fernkurs absolviert hat und bei uns ›noch nichts gefunden hat‹?« Oder: »Der Gärtner am Ortsrand, der ist so schlicht und fromm, dass wir ihn bestimmt fragen könnten, ob er nicht für diese begrenzte Aufgabe in der Gemeinde A sich Zeit nehmen will.«) Mit dem Bestätigungsschreiben ihrer Gemeinde leiten die sechs, die man gefunden hat, den ersten Elternabend in A, wo so mancher staunt, was Gärtner Helmut oder Hausfrau Heike antreibt, hier als Katecheten zu arbeiten.

Ein weiteres Beispiel: Kolpingfamilie in C bittet drei Kolpingfamilien, 50 Kilometer entfernt, um je ein Paar »von untadeligem Ruf«, die vor Ort einen Samstag gestalten zum Thema: »So geht Liebe wirklich«. Die sechs »Fremden« können sich sogar Fantasienamen geben, da sie ja auf Empfehlung ihrer Vorstände kommen. So offen, wie sie es daheim nicht täten, würden sie den jungen Leuten Lebenserfahrung in den zentralen Fragen des Lebens weitergeben. Und warum soll das geistliche Wort in der Pfarrgemeinderatssitzung nicht ein Pfarrgemeinderat aus F gestalten, der eine halbe Stunde des Gebetes gestaltet, Zeugnis gibt, die Kollegen ermutigt und dann wieder heimfährt, oder mit zwei Kollegen dableibt, um am Ende des Abends ein Feedback zu geben? Gleiches könnte auf Konferenzen von Hauptamtlichen geschehen, wo nicht der Referent von außen kommt, sondern zwei aus dem Dekanat des angrenzenden Nachbarbistums, die ihre Mitbrüder geistlich anleiten. Vielleicht reißt Gott jetzt die gewohnten Strukturen auf, damit in Pastoralverbünden und über deren Grenzen hinaus wieder möglich wird, was die Kirche von Anfang an bewegt hat: Es kommen Fremde zu uns. Und siehe: Wir glauben!

Auch für die Gesellschaft gibt dieser Missionsgedanke wesentliche Impulse. Deutschland ist durch die Mission von Fremden mit dem Evangelium bekannt geworden. Wir haben allen Grund, Fremde nicht abzulehnen, sondern hereinzuholen. Sie geben uns eine frische Sicht auf unsere eigenen Werte. Und selbst in die Fremde zu gehen, damit andere von den eigenen Erfahrungen profitieren und wir von den ihrigen: Das Freiwillige Soziale Auslandsjahr junger Leute gehört ausgeweitet. So gesehen können wir auch vom ärmsten nicht christlichen Zuwanderer noch etwas lernen: Nämlich beispielsweise, wie man mit viel weniger materiellem Wohlstand im Leben zurechtkommt und worauf es eigentlich ankommt.

Der Wechsel in der Verantwortlichkeit, wie sie der katholischen Kirche eigen ist, sollte auch das Prinzip in Politik und Wirtschaft werden. Es wirkt dem Filz entgegen. Es sorgt dafür, dass sich niemand in seiner Machtposition allzu bequem einrichtet, seine Mitmenschen bei seinem Tun aus den Augen verliert oder von seinen Mitmenschen aus dem Auge verloren wird. Der katholische Mut, hinauszugehen in die Welt, den engen Horizont zu überschreiten, wäre nicht zuletzt auch gut für Vereine und Verbände: Holen wir Leute von auswärts, von anderen Vereinen oder für einen Abend von der Straße zu uns und lassen wir uns von ihnen sagen, was sie sehen, wie sie uns sehen, was sie brauchen. Die Klarissen in Bautzen haben junge Frauen gebeten: »Kommt, wir wissen in unserem Kloster nicht, wie es Frauen heute geht, erzählt es uns.« Daraus ist eine lebendige Gruppe geworden, ohne die die Schwestern nicht mehr sein wollen.

Mission ist das beste Mittel gegen erstarrte Strukturen. Wie sagte der englische Lordkanzler Thomas Morus (1477/78–1535) noch? »Tradition ist nicht das Halten der Asche, sondern das Weitergeben der Flamme.« Aus der nie mehr löschbaren Flamme der Gegenwart Jesu gewinnt die Mission ihre Kraft. Oder, um ein anderes Bild Jesu zu gebrauchen: »Wer in mir bleibt und in wem ich bleibe, der bringt reiche Frucht.« (Johannes, 15,5) Sein Leben in jedem Menschen zu entdecken und es jedem Menschen in Wort und Tat zu erschließen ist das Motiv echter Mission. Ein feuriger, geheiligter Austausch, ein Dialog, so anziehend, dass der eine oder andere, der vorübereilt, aufmerksam wird, seinen Schritt verzögert, ihn anhält mit den Worten: »Ich bleib dann mal da«, und einen Pilgerweg nach innen beginnt, der ihm aufgehen lässt, wofür er das Katholische braucht.

Stichwortregister